Jean-Pierre Vernant

L'UNIVERS,
LES DIEUX,
LES HOMMES
Récits grecs des origines

Éditions du Seuil

Cet ouvrage a été publié dans la collection
« La Librairie du XXIᵉ siècle » dirigée par Maurice Olender

TEXTE INTÉGRAL

ISBN 978-2-02-092091-9
(ISBN 2-02-038227-X, 1ʳᵉ publication)

© Éditions du Seuil, octobre 1999

Avant-propos

Il était une fois... Tel était le titre qu'au départ j'avais pensé donner à ce livre. J'ai finalement choisi de lui en substituer un autre plus explicite. Mais, au seuil de l'ouvrage, je ne puis m'empêcher d'évoquer le souvenir auquel ce premier titre faisait écho et qui est à l'origine de ces textes.

Il y a un quart de siècle, quand mon petit-fils était enfant et qu'il passait avec ma femme et moi ses vacances, une règle s'était établie entre nous aussi impérieuse que la toilette et les repas : chaque soir, quand l'heure était venue et que Julien se mettait au lit, je l'entendais m'appeler depuis sa chambre, souvent avec quelque impatience : « Jipé, l'histoire, l'histoire ! » J'allais m'asseoir auprès de lui et je lui racontais une légende grecque. Je puisais sans trop de mal dans le répertoire de mythes que je passais mon temps à analyser, décortiquer, comparer, interpréter pour essayer de les comprendre, mais que je lui transmettais autrement, tout de go, comme ça me venait, à la façon d'un conte de fées, sans autre souci que de suivre au cours de ma narration, du début à la fin, le fil du récit dans sa tension dramatique : il était une fois... Julien, à l'écoute, paraissait heureux. Je l'étais, moi aussi. Je me réjouissais de lui livrer directement de bouche à oreille un peu de cet univers grec auquel je suis attaché et dont la survie en chacun de nous me semble, dans le monde d'aujourd'hui, plus que jamais nécessaire. Il me plaisait aussi que cet héritage lui parvienne oralement sur le mode de ce que Platon nomme des fables de nourrice, à la façon de ce qui passe d'une génération à la suivante en dehors de tout enseignement officiel, sans transiter par les livres, pour constituer un bagage de conduites et de savoirs « hors texte » : depuis les règles de la bienséance pour le parler et pour l'agir, les bonnes mœurs et, dans les techniques du corps, les styles de la marche, de la course, de la nage, du vélo, de l'escalade…

Certes, il y avait beaucoup de naïveté à croire que je contribuais à maintenir en vie une tradition d'antiques légendes en leur prêtant chaque soir ma voix pour les raconter à un enfant. Mais c'était une époque, on s'en souvient – je parle des années soixante-dix –, où le mythe avait le vent en poupe. Après Dumézil et Lévi-Strauss, la fièvre des études mythologiques avait gagné un quarteron d'hellénistes qui s'étaient lancés avec moi dans l'exploration du monde légendaire de la Grèce ancienne. Au fur et à mesure que nous avancions et que nos analyses progressaient, l'existence d'une pensée mythique en général devenait plus problématique et nous étions conduits à nous interroger : qu'est-ce qu'un mythe ? Ou plus précisément, compte tenu de notre domaine de recherche : qu'est-ce qu'un mythe grec ? Un récit, bien sûr. Encore faut-il savoir comment ces récits se sont constitués, établis, transmis, conservés. Or, dans le cas grec, ils ne nous sont parvenus qu'en fin de course sous forme de textes écrits dont les plus anciens appartiennent à des œuvres littéraires relevant de tous les genres, épopée, poésie, tragédie, histoire, voire philosophie, et où, exception faite de l'*Iliade*, de l'*Odyssée* et de la *Théogonie* d'Hésiode, ils figurent le plus souvent dispersés, de façon fragmentaire, parfois allusive. C'est à une époque tardive, seulement vers le début de notre ère, que des érudits ont rassemblé ces traditions multiples, plus ou moins divergentes, pour les présenter unifiées en un même corpus, rangées les unes après les autres comme sur les rayons d'une *Bibliothèque*, pour reprendre le titre qu'Apollodore a précisément donné à son répertoire, devenu un des grands classiques en la matière. Ainsi s'est construit ce qu'il est convenu d'appeler la mythologie grecque.

Mythe, mythologie, ce sont bien, en effet, des mots grecs liés à l'histoire et à certains traits de cette civilisation. Faut-il en conclure qu'en dehors d'elle ils ne sont pas pertinents et que le mythe, la mythologie n'existent que sous la forme et au sens grecs ? C'est le contraire qui est vrai. Les légendes hellènes, pour être elles-mêmes comprises, exigent la comparaison avec les récits traditionnels d'autres peuples, appartenant à des cultures et à des époques très diverses, qu'il s'agisse de la Chine, de l'Inde, du Proche-Orient anciens, de l'Amérique précolombienne ou de l'Afrique. Si la comparaison s'est imposée, c'est que ces traditions narratives, si différentes qu'elles soient, présentent entre elles et par rapport au cas grec assez de points communs pour les apparenter les unes aux autres. Claude Lévi-Strauss pourra affirmer, comme un constat d'évidence, qu'un mythe, d'où qu'il vienne, se reconnaît d'emblée pour ce qu'il est sans qu'on risque de le confondre avec d'autres formes de récit. L'écart est en effet bien marqué avec le récit historique qui, en Grèce, s'est constitué en quelque façon *contre* le mythe, dans la mesure où il s'est voulu la relation exacte d'événements assez proches dans le temps pour que des témoins fiables aient pu les attester. Quant au récit littéraire, il s'agit d'une pure fiction qui se donne ouvertement pour telle et dont la qualité tient avant tout au talent et au savoir-faire de celui qui l'a mis en œuvre. Ces deux types de récit sont normalement attribués à un auteur qui en assume la responsabilité et qui les communique sous son nom, sous forme d'écrits, à un public de lecteurs.

Tout autre est le statut du mythe. Il se présente sous la figure d'un récit venu du fond des âges et qui serait déjà là avant qu'un quelconque conteur en entame la narration. En ce sens, le récit mythique ne relève pas de l'invention individuelle ni de la fantaisie créatrice, mais de la transmission et de la mémoire. Ce lien intime, fonctionnel avec la mémorisation rapproche le mythe de la poésie qui, à l'origine, dans ses manifestations les plus anciennes, peut se confondre avec le processus d'élaboration mythique. Le cas de l'épopée homérique est à cet égard exemplaire. Pour tisser ses récits sur les aventures de héros légendaires, l'épopée opère d'abord sur le mode de la poésie orale, composée et chantée devant les auditeurs par des générations successives d'aèdes inspirés par la déesse Mémoire (*Mnémosunè*), et c'est seulement plus tard qu'elle fait l'objet d'une rédaction, chargée d'établir et de fixer le texte officiel.

Aujourd'hui encore, un poème n'a d'existence que s'il est parlé ; il faut le connaître par cœur et, pour lui donner vie, se le réciter avec les mots silencieux de la parole intérieure. Le mythe n'est lui aussi vivant que s'il est encore raconté, de génération en génération, dans le cours de l'existence quotidienne. Sinon, relégué au fond des bibliothèques, figé sous forme d'écrits, le voilà devenu référence savante pour une élite de lecteurs spécialisés en mythologie.

Mémoire, oralité, tradition : telles sont bien les conditions d'existence et de survie du mythe. Elles lui imposent certains traits caractéristiques, qui apparaissent plus clairement si l'on poursuit la comparaison entre l'activité poétique et l'activité mythique. Le rôle qu'elles font jouer respectivement à la parole accuse entre elles une différence essentielle. Dès lors qu'en Occident, avec les troubadours, la poésie est devenue autonome, qu'elle s'est séparée non seulement des grands récits mythiques mais aussi de la musique qui l'accompagnait jusqu'au XIVe siècle, elle s'est constituée en domaine spécifique d'expression langagière. Chaque poème constitue dès lors une construction singulière, très complexe, polysémique certes, mais si strictement organisée, si liée dans ses différentes parties et à tous ses niveaux qu'elle doit être mémorisée et récitée telle quelle, sans en rien omettre ni changer. Le poème demeure identique à travers toutes les performances qui, dans l'espace et dans le temps, l'actualisent. La parole qui donne vie au texte poétique, en public pour des auditeurs, ou en privé pour soi-même, a une figure unique et immuable. Un mot modifié, un vers sauté, un rythme décalé, tout l'édifice du poème est par terre.

Le récit mythique, par contre, n'est pas seulement, comme le texte poétique, polysémique en lui-même par ses plans multiples de signification. Il n'est pas fixé dans une forme définitive. Il comporte toujours des variantes, des versions multiples que le conteur trouve à sa disposition, qu'il choisit en fonction des circonstances, de son public ou de ses préférences, et où il peut retrancher, ajouter, modifier si cela lui paraît bon. Aussi longtemps qu'une tradition orale de légendes est vivante, qu'elle reste en prise sur les façons de penser et les mœurs d'un groupe, elle bouge : le récit demeure en partie ouvert à l'innovation. Quand le mythologue antiquaire la trouve en fin de course, déjà fossilisée en des écrits littéraires ou savants, comme je l'ai dit pour le cas grec, chaque légende exige de lui, s'il veut la déchiffrer correctement, que son enquête s'élargisse, palier par palier : d'une de ses versions à toutes les autres, si mineures soient-elles, sur le même thème, puis à d'autres récits mythiques proches ou lointains, et même à d'autres textes appartenant à des secteurs différents de la même culture : littéraires, scientifiques, politiques, philosophiques, finalement à des narrations plus ou moins similaires de civilisations éloignées. Ce qui intéresse en effet l'historien et l'anthropologue, c'est l'arrière-plan intellectuel dont témoigne le fil de la narration, le cadre sur lequel il est tissé, ce qui ne peut être décelé qu'à travers la comparaison des récits, par le jeu de leurs écarts et de leurs ressemblances. Aux diverses mythologies s'appliquent, en effet, les remarques que Jacques Roubaud formule très heureusement concernant les poèmes homériques avec leur élément légendaire : « Ils ne sont pas seulement des récits. Ils contiennent le trésor de pensées, de formes linguistiques, d'imaginations cosmologiques, de préceptes moraux, etc., qui constituent l'héritage commun des Grecs de l'époque préclassique[1]. »

Dans son travail de fouille pour faire émerger à la lumière ces « trésors » sous-jacents, cet héritage commun des Grecs, le chercheur peut parfois éprouver un sentiment de frustration, comme s'il avait, au cours de sa recherche, perdu de vue le « plaisir extrême » dont La Fontaine à l'avance se félicitait « si Peau d'âne lui était conté ». Ce plaisir du récit, que j'évoquais dans les premières lignes de cet avant-propos, j'en aurais fait mon deuil, sans trop de regrets, si à un quart de siècle de distance, dans la même belle île où je partageais avec Julien vacances et narrations, des amis ne m'avaient un jour demandé de leur raconter des mythes grecs. Ce que je fis. Ils m'engagèrent alors, avec assez d'insistance pour me convaincre, à mettre par écrit ce que je leur avais narré. Ce ne fut pas facile. De la parole au texte écrit, le passage est fort malaisé. Non seulement parce que l'écriture ignore ce qui donne chair et vie au récit oral : la voix, le ton, le rythme, le geste, mais aussi parce que, derrière ces formes d'expression, il y a deux styles différents de pensée. Quand on reproduit telle quelle, sur le papier, une intervention orale, le texte ne tient pas. Quand, à l'inverse, on rédige d'abord le texte par écrit, sa lecture à haute voix ne trompe personne : il n'est pas fait pour être écouté par des auditeurs ; il est extérieur à l'oralité. A cette première difficulté : écrire comme on

---

1. Jacques Roubaud, *Poésie, Mémoire, Lecture*, Paris-Tübingen, Eggingen, Editions Isele, coll. « Les Conférences du Divan », 1998, p. 10.

parle, s'en ajoutent plusieurs autres. Il faut d'abord choisir une version, c'est-à-dire négliger les variantes, les gommer, les réduire au silence. Et dans la façon même de raconter la version retenue, le narrateur intervient en personne et se fait interprète dans la mesure même où, du scénario mythique qu'il expose, il n'existe pas un modèle définitivement fixé. Comment en outre le chercheur pourrait-il oublier, quand il se fait conteur, qu'il est aussi un savant en quête du soubassement intellectuel des mythes et que, dans son récit, il injectera celles des significations dont ses études antérieures lui ont fait mesurer le poids ?

Je n'ignorais ni ces obstacles ni ces dangers. Pourtant, j'ai sauté le pas. J'ai essayé de raconter comme si la tradition de ces mythes pouvait se perpétuer encore. La voix qui autrefois, pendant des siècles, s'adressait directement aux auditeurs grecs, et qui s'est tue, je voulais qu'elle se fasse entendre de nouveau aux lecteurs d'aujourd'hui, et que, dans certaines pages de ce livre, si j'y suis parvenu, ce soit elle, en écho, qui continue à résonner.

L'origine de l'univers

Qu'est-ce qu'il y avait quand il n'y avait pas encore quelque chose, quand il n'y avait rien ? A cette question, les Grecs ont répondu par des récits et des mythes.

Au tout début, ce qui exista en premier, ce fut Béance ; les Grecs disent *Chaos*. Qu'est-ce que la Béance ? C'est un vide, un vide obscur où rien ne peut être distingué. Espace de chute, de vertige et de confusion, sans terme, sans fond. On est happé par cette Béance comme par l'ouverture d'une gueule immense où tout serait englouti dans une même nuit indistincte. A l'origine donc, il n'y a que cette Béance, abîme aveugle, nocturne, illimité.

Ensuite apparut Terre. Les Grecs disent *Gaïa*. C'est au sein même de la Béance que surgit la Terre. La voici donc, née après Chaos et représentant, à certains égards, son contraire. La Terre n'est plus cet espace de chute obscur, illimité, indéfini. La Terre possède une forme distincte, séparée, précise. A la confusion, à la ténébreuse indistinction de Chaos s'opposent la netteté, la fermeté, la stabilité de Gaïa. Sur la Terre, toute chose se trouve dessinée, visible, solide. On peut définir Gaïa comme ce sur quoi les dieux, les hommes et les bêtes peuvent marcher avec assurance. Elle est le plancher du monde.

Au tréfonds de la Terre : la Béance

Né de la vaste Béance, le monde a désormais un plancher. D'une part, ce plancher s'élève vers le haut sous forme de montagnes ; d'autre part, il s'enfonce vers le bas sous forme de souterrain. Cette sous-terre se prolonge indéfiniment, de sorte que, d'une certaine façon, ce qui se trouve à la base de Gaïa, sous le sol ferme et solide, c'est toujours l'abîme, le Chaos. La Terre, surgie au sein de la Béance, s'y rattache dans ses profondeurs. Ce Chaos évoque pour les Grecs une sorte de brouillard opaque où toutes les frontières sont brouillées. Au plus profond de la Terre se retrouve cet aspect chaotique originel.

Si la Terre est bien visible, si elle a une forme découpée, si tout ce qui va naître d'elle possédera, comme elle, des limites et des frontières distinctes, elle demeure néanmoins, dans ses profondeurs, semblable à la Béance. Elle est la Terre noire. Les adjectifs qui la définissent dans les récits peuvent être similaires à ceux qui disent la Béance. La Terre noire s'étire entre le bas et le haut ; entre, d'une part, l'obscurité, l'enracinement dans la Béance que représentent ses profondeurs et, d'autre part, les montagnes couronnées de neige qu'elle projette vers le ciel, les montagnes lumineuses dont les sommets les plus hauts atteignent cette zone du ciel continuellement inondée de lumière.

Dans cette demeure qu'est le cosmos, la Terre constitue la base, mais elle n'a pas seulement cette fonction. Elle enfante et nourrit toute chose, sauf certaines entités dont nous parlerons plus tard et qui sont sorties de Chaos. Gaïa est la mère universelle. Forêts, montagnes, grottes souterraines, flots de la mer, vaste ciel, c'est toujours de Gaïa, la Terre mère, qu'ils tirent leur naissance. Il y eut donc d'abord l'abîme, la Béance, immense gueule en forme de gouffre obscur, sans limites, mais qui dans un deuxième temps s'ouvre sur un solide plancher : la Terre. Celle-ci s'élance vers le haut, descend vers le bas.

Après Chaos et Terre apparaît en troisième lieu ce que les Grecs appellent *Éros*, qu'ils nommeront plus tard « le vieil Amour », représenté dans les images avec des cheveux blancs : c'est l'Amour primordial. Pourquoi cet Éros primordial ? Parce que, en ces temps lointains, il n'y a pas encore de masculin ni de féminin, pas d'êtres sexués. Cet Éros primordial n'est pas celui qui apparaîtra plus tard avec l'existence des hommes et des femmes, des mâles et des femelles. Dès lors, le problème sera d'accoupler des sexes contraires, ce qui implique nécessairement un désir de la part de chacun, une forme de consentement.

Chaos, donc, est un mot neutre et non pas masculin. *Gaïa*, la Terre mère, est évidemment un féminin. Mais qui peut-elle aimer en dehors d'elle-même puisqu'elle est toute seule avec Chaos ? L'*Éros* qui apparaît en troisième lieu, après Béance et Terre, n'est donc pas pour commencer celui qui préside aux amours sexuées. Le premier Éros exprime une poussée dans l'univers. De la même façon que Terre a surgi de Béance, de Terre va jaillir ce qu'elle contient dans ses profondeurs. Ce qui était en elle mêlé à elle se trouve porté au-dehors : elle en accouche sans avoir eu besoin de s'unir à quiconque. Ce que Terre délivre et découvre, c'est cela même qui demeurait en elle obscurément.

Terre enfante d'abord un personnage très important, *Ouranos*, Ciel, et même Ciel étoilé. Ensuite, elle met au monde *Pontos*, c'est-à-dire l'eau, toutes les eaux, et plus précisément Flot marin, puisque le mot grec est masculin. Terre les conçoit donc sans s'unir à quiconque. Par la force intime qu'elle porte en elle, Terre développe ce qui était déjà en elle et qui, à partir du moment où elle le fait sortir, devient son double et son contraire. Pourquoi ? Parce qu'elle produit Ciel étoilé égal à elle-même, comme une réplique aussi solide, aussi ferme et de la même taille qu'elle. Alors Ouranos s'allonge sur elle. Terre et Ciel constituent deux plans superposés de l'univers, un plancher et une voûte, un dessous et un dessus, qui se recouvrent complètement.

Quand Terre enfante Pontos, Flot marin, celui-ci la complète et s'insinue à l'intérieur d'elle, il la limite sous la forme de vastes étendues liquides. Flot marin, comme Ouranos, représente le contraire de Terre. Si la Terre est solide, compacte, et que les choses ne peuvent pas s'y mélanger, Flot marin, à l'inverse, n'est quant à lui que liquidité, fluidité informe et insaisissable : ses eaux se mêlent, indistinctes et confondues. A la surface, Pontos est lumineux, mais dans ses profondeurs il est absolument obscur, ce qui le rattache, comme Terre, à une part chaotique.

Ainsi le monde se construit à partir de trois entités primordiales : *Chaos*, *Gaïa*, *Éros*, puis de deux entités enfantées par la Terre : *Ouranos* et *Pontos*. Elles sont tout à la fois des puissances naturelles et des divinités. *Gaïa*, c'est la terre sur laquelle nous marchons en même temps qu'une déesse. *Pontos* représente les flots marins et constitue aussi une puissance divine, à laquelle un culte peut être rendu. A partir de là s'inscrivent des récits d'un autre type, des histoires violentes et dramatiques.

La castration d'Ouranos

Commençons par Ciel. Voici donc Ouranos, enfanté par Gaïa et de même taille qu'elle. Il est couché, vautré sur celle qui l'a engendré. Le Ciel recouvre complètement la Terre. Chaque portion de terre est doublée d'un morceau de ciel qui lui colle à la peau. A partir du moment où Gaïa, divinité puissante, Terre mère, produit Ouranos qui est son répondant exact, sa duplication, son double symétrique, nous nous trouvons en présence d'un couple de contraires, un mâle et une femelle. Ouranos c'est *le* Ciel comme Gaïa c'est *la* Terre. Une fois Ouranos présent, Amour joue différemment. Ce n'est plus seulement Gaïa qui produit d'elle-même ce qu'elle porte en elle, ni Ouranos ce qu'il porte en lui, mais de la conjonction de ces deux puissances que naissent des êtres différents de l'une et de l'autre.

Ouranos ne cesse de s'épancher dans le sein de Gaïa. Ouranos primordial n'a pas d'autre activité que sexuelle. Couvrir Gaïa sans cesse, autant qu'il le peut : il ne pense qu'à cela, et ne fait que cela. Cette pauvre Terre se trouve alors grosse de toute une série d'enfants qui ne peuvent pas sortir de son giron, qui restent logés là même où Ouranos les a conçus. Comme Ciel ne se dégage jamais de Terre, il n'y a pas d'espace entre eux qui permettrait à leurs enfants, les Titans, de sortir à la lumière et d'avoir une existence autonome. Ceux-ci ne peuvent pas prendre la forme qui est la leur, ils ne peuvent pas devenir des êtres individualisés parce qu'ils sont continuellement refoulés dans le giron de Gaïa, tout comme Ouranos lui-même était inclus dans le giron de Gaïa avant de naître.

Qui sont les enfants de Gaïa et d'Ouranos ? Il y a d'abord six Titans et leurs six sœurs Titanes. Le premier des Titans se nomme *Okéanos*. Il est cette ceinture liquide qui entoure l'univers et coule en cercle, de sorte que la fin d'Okéanos en est aussi le commencement ; le fleuve cosmique tourne en circuit fermé sur lui-même. Le plus jeune des Titans a pour nom *Cronos*, on l'appelle « Cronos aux pensées fourbes ». En dehors des Titans et Titanes naissent deux trios d'êtres absolument monstrueux. Le premier trio est celui des Cyclopes – Brontès, Stéropès et Argès –, personnages très puissants qui n'ont qu'un œil et dont les noms disent assez à quel genre de métallurgie ils se livrent : le grondement du tonnerre, la fulgurance de l'éclair. Ce sont eux, en effet, qui fabriqueront la foudre pour en faire don à Zeus. Le second trio est formé de ceux qu'on appelle les Hekatonchires, les Cent-bras – Cottos, Briarée, Gyès. Ce sont des êtres monstrueux d'une taille gigantesque, qui ont cinquante têtes et cent bras, chaque bras étant doué d'une puissance terrible.

A côté des Titans, ces premiers dieux individualisés – ils ne sont pas simplement, comme Gaïa, Ouranos ou Pontos, le nom donné à des puissances naturelles –, les Cyclopes représentent la fulgurance de la vue. Ils possèdent un seul œil au milieu du front, mais cet œil est foudroyant, comme l'arme qu'ils vont offrir à Zeus.

Puissance magique de l'œil. Les Cent-bras représentent pour leur part, dans la force brutale, la capacité de vaincre, de l'emporter par la puissance physique du bras. Force d'un œil foudroyant pour les uns, force d'une main qui est capable de lier, d'enserrer, de briser, de vaincre, de dominer toute créature dans le monde pour les seconds. Cependant, Titans, Cent-bras et Cyclopes sont dans le ventre de Gaïa ; Ouranos est vautré sur elle.

Il n'y a pas encore vraiment de lumière parce que Ouranos maintient une nuit continuelle en s'étendant sur Gaïa. Terre donne alors libre cours à sa colère. Elle est furieuse de retenir en son sein ses enfants, qui, faute de pouvoir sortir, la gonflent, la compriment, l'étouffent. Elle s'adresse à eux, et spécialement aux Titans, en leur disant : « Écoutez, votre père nous fait injure, il nous soumet à des violences épouvantables, il faut que cela cesse. Vous devez vous révolter contre votre père Ciel. » En entendant ces paroles vigoureuses, les Titans, dans le ventre de Gaïa, sont pris de terreur. Ouranos, toujours planté sur leur mère, aussi grand qu'elle, ne leur paraît pas facile à vaincre. Seul le dernier-né, Cronos, accepte d'aider Gaïa et de se mesurer à son père.

Terre conçoit un plan particulièrement retors. Pour mettre à exécution son projet, elle fabrique à l'intérieur d'elle-même un instrument, une serpe, une *harpè*, qu'elle façonne de blanc métal acier. Elle place ensuite cette faucille dans la main du jeune Cronos. Il est dans le ventre de sa mère, là où Ouranos s'unit à elle, il se tient aux aguets, en embuscade. Alors qu'Ouranos s'épanche en Gaïa, il attrape de la main gauche les parties sexuelles de son père, les tient fermement et, avec la serpe qu'il brandit de la main droite, les coupe. Puis, sans se retourner, pour éviter le malheur que son acte pourrait provoquer, il jette par-dessus son épaule le membre viril d'Ouranos. De ce membre viril, tranché et expédié en arrière, tombent sur la terre des gouttes de sang, tandis que le sexe lui-même est projeté plus loin, dans le flot marin. Ouranos, au moment où il est châtré, pousse un hurlement de douleur et s'éloigne vivement de Gaïa. Il va alors se fixer, pour n'en plus bouger, tout en haut du monde. Ouranos étant égal en taille à Gaïa, il n'est pas un lopin de terre qui ne trouve au-dessus de lui, quand on lève les yeux, un morceau équivalent de ciel.

La terre, l'espace, le ciel

En castrant Ouranos, sur le conseil et par la ruse de sa mère, Cronos réalise une étape fondamentale dans la naissance du cosmos. Il sépare le ciel et la terre. Il crée entre le ciel et la terre un espace libre : tout ce que la terre produira, tout ce que feront naître les êtres vivants, aura un lieu pour respirer, pour vivre. D'une part, l'espace s'est débloqué, mais le temps également s'est transformé. Tant qu'Ouranos pesait sur Gaïa, il n'y avait pas de générations successives, elles restaient enfouies à l'intérieur de l'être qui les avait produites. A partir du moment où Ouranos se retire, les Titans peuvent sortir du giron maternel et enfanter à leur tour. S'ouvre alors une succession de générations. L'espace s'est dégagé et le « ciel étoilé » joue à présent le rôle d'un plafond, d'une sorte de grand dais sombre, étendu au-dessus de la terre. De temps en temps, ce ciel noir va s'illuminer, car désormais le jour et la nuit alternent. Tantôt apparaît un ciel noir avec seulement la lumière des étoiles, tantôt, au contraire, c'est un ciel lumineux qui surgit, avec seulement l'ombre des nuages.

Laissons là un instant la descendance de Terre et retrouvons celle de Chaos. La Béance produit deux enfants, l'un s'appelle *Érébos*, Érèbe, l'autre *Nux*, Nuit. Comme prolongement direct de Chaos, Érèbe, c'est le noir absolu, la puissance du noir à l'état pur, qui ne se mélange à rien. Le cas de Nuit est différent. Elle aussi, comme Gaïa, engendre des enfants sans s'unir à personne, comme si elle les taillait dans son propre tissu nocturne : il s'agit d'une part d'*Aithêr*, Éther, Lumière éthérée, et, d'autre part, d'*Hêmerê*, Jour, Lumière du jour.

Érèbe, enfant de la Béance, représente le noir propre à Chaos. Nux, Nuit, appelle au contraire le jour. Il n'y a pas de nuit sans jour. Quand Nuit produit Aithêr et Hêmerê, que fait-elle ? Comme Érébos était le sombre à l'état pur, Aithêr est la luminosité à l'état pur. Éther est le pendant d'Érèbe. L'Éther brillant, c'est la partie du ciel où il n'y a jamais d'obscurité, celle qui appartient aux Olympiens. L'Éther, c'est une lumière extra-ordinairement vive qui n'est jamais corrompue par aucune ombre. Au contraire, Nuit et Jour s'appuient l'un sur l'autre en s'opposant. Depuis que l'espace s'est ouvert, Nuit et Jour se succèdent de façon régulière. A l'entrée du Tartare se trouvent les portes de la Nuit qui ouvrent sur sa demeure. C'est là que Nuit et Jour successivement se présentent, se font signe, se croisent, sans jamais ni se joindre ni se toucher. Quand il y a la nuit il n'y a pas le jour, quand il y a le jour il n'y a pas la nuit, mais il n'y a pas de nuit sans jour.

Comme Érébos figure une obscurité totale et définitive, Aithêr incarne la luminosité absolue. Tous les
êtres vivant sur la terre sont des créatures du jour et
de la nuit ; sauf dans la mort, ils ignorent cette obscurité
totale qu'aucun rayon de soleil ne vient jamais percer
et qu'est la nuit de l'Érèbe. Les hommes, les bêtes, les
plantes vivent et la nuit et le jour dans cette conjonction d'opposés, tandis que les dieux, eux, tout au
sommet du ciel, ne connaissent pas l'alternance du
jour et de la nuit. Ils vivent dans une lumière vive
permanente. En haut, les dieux célestes dans l'Éther
brillant, en bas, les dieux souterrains ou ceux qui ont
été vaincus et envoyés dans le Tartare, et qui vivent
dans une nuit constante, et puis les mortels, dans ce
monde, qui est déjà un monde du mélange.

Revenons à Ouranos. Que se passe-t-il lorsqu'il se
fixe en haut du monde ? Il ne s'unit plus à Gaïa, à l'exception du moment des grandes pluies fécondantes
pendant lesquelles le ciel s'épanche et la terre enfante.
Cette pluie bienfaisante permet à la terre de faire
naître de nouvelles créatures, de nouvelles plantes, des
céréales. Mais, en dehors de cette période, le lien est
coupé entre la terre et le ciel.

Alors qu'Ouranos s'éloignait de Gaïa, il avait lancé
une terrible imprécation contre ses fils : « Vous vous
appellerez les Titans, leur avait-il dit en faisant un jeu
de mots sur le verbe *titainô*, parce que vous avez
tendu trop haut les bras, vous allez expier votre crime
d'avoir porté la main sur votre père. » De son membre
viril mutilé, les gouttes de sang tombées sur le sol ont
donné naissance, après un moment, aux Érinyes. Ce
sont des puissances primordiales dont la fonction
essentielle est de garder le souvenir de l'affront qui a

été fait par un parent à un parent, et de le faire payer, quel que soit le temps nécessaire. Ce sont des divinités de la vengeance pour des crimes commis contre des consanguins. Les Érinyes représentent la haine, le souvenir, la mémoire de la faute, et l'exigence que le crime soit payé.

Du sang de la blessure d'Ouranos naissent, avec les Érinyes, les Géants et les *Meliai*, les Nymphes de ces grands arbres que sont les frênes. Les Géants sont essentiellement des guerriers, ils personnifient la violence guerrière : ignorant l'enfance et la vieillesse, ils sont toute leur vie des adultes dans la force de l'âge, voués à l'activité guerrière, avec le goût de la bataille meurtrière. Les Nymphes des frênes, les Méliades, sont aussi des guerrières, elles ont également vocation au massacre puisque le bois des lances dont se servent les guerriers au cours du combat est justement celui des arbres qu'elles habitent. Ainsi donc, des gouttes du sang d'Ouranos naissent trois types de personnages qui incarnent la violence, le châtiment, le combat, la guerre, le massacre. Un nom résume aux yeux des Grecs cette violence, c'est *Éris*, conflits en tous genres et de toutes formes, ou discorde à l'intérieur d'une même famille dans le cas des Érinyes.

Discorde et amour

Qu'advient-il du membre que Cronos a jeté dans la mer, dans *Pontos* ? Il ne sombre pas dans les flots marins, il surnage, il flotte et l'écume du sperme se mélange à l'écume de la mer. De cette combinaison écumeuse autour du sexe, qui se déplace au gré des flots, se forme une superbe créature : Aphrodite, la déesse née de la mer et de l'écume. Elle navigue pendant un certain temps puis prend pied sur son île, à Chypre. Elle marche sur le sable et, au fur et à mesure qu'elle avance, les fleurs les plus odorantes et les plus belles naissent sous ses pas. Dans le sillage d'Aphrodite, s'avançant à sa suite, *Éros* et *Himéros*, Amour et Désir. Cet Éros n'est pas l'Éros primordial, mais un Éros qui exige qu'il y ait désormais du masculin et du féminin. On dira parfois qu'il est le fils d'Aphrodite. Cet Éros a donc changé de fonction. Il n'a plus pour rôle, comme au tout début du cosmos, de faire venir à la lumière ce qui était contenu dans l'obscurité des puissances primordiales. Son rôle, à présent, est d'unir deux êtres bien individualisés, de sexe différent, dans un jeu érotique qui suppose une stratégie amoureuse avec tout ce que cela comporte de séduction, d'accord, de jalousie. Éros unit deux êtres différents pour qu'à partir d'eux naisse un troisième être, qui ne soit identique ni à l'un ni à l'autre de ses géniteurs, mais qui les prolonge tous deux. Il y a donc maintenant une création qui se différencie de celle du temps primordial. Autrement dit, en coupant le sexe de son père, Cronos a institué deux puissances qui pour les Grecs sont complémentaires, et dont l'une s'appelle *Éris*, la Querelle, et l'autre, *Éros*, l'Amour.

Éris, c'est le combat au sein d'une même famille ou à l'intérieur d'une même humanité, la querelle, la discorde au cœur de ce qui était uni. Éros, au contraire, c'est l'accord et l'union de ce qui est aussi dissemblable que peut l'être le féminin du masculin. Éris et Éros sont tous deux produits par le même acte fondateur qui a ouvert l'espace, débloqué le temps, permis aux générations successives de surgir sur la scène du monde, maintenant ouverte.

A présent, tous ces personnages divins, avec Éris d'un côté, Éros de l'autre, vont s'affronter et se combattre. Pourquoi vont-ils se combattre ? Moins pour constituer l'univers dont les fondements sont déjà en place que pour désigner le maître de cet univers. Qui en sera le souverain ? Au lieu d'un récit cosmogonique qui pose les questions « Qu'est-ce que le commencement du monde ? Pourquoi d'abord Abîme ? Comment s'est fabriqué tout ce que contient l'univers ? », d'autres questions surgissent et d'autres récits, beaucoup plus dramatiques, tentent d'y répondre. Comment les dieux, qui ont été créés et qui enfantent à leur tour, vont-ils se battre et se déchirer ? Comment vont-ils s'entendre ? Comment les Titans devront-ils expier la faute qu'ils ont commise à l'égard de leur père Ouranos, comment seront-ils châtiés ? Qui va assurer la stabilité de ce monde construit à partir d'un rien qui était tout, d'une nuit dont même la lumière est issue, d'un vide dont naissent le plein et le solide ? Comment le monde va-t-il devenir stable, organisé, avec des êtres individualisés ? Ouranos en s'éloignant ouvre la voie à une suite ininterrompue de générations. Mais si, à chaque génération, les dieux se combattent, le monde n'aura aucune stabilité. La guerre des dieux doit connaître un terme pour que l'ordre du monde soit définitivement établi. Le rideau se lève sur les combats pour la souveraineté divine.

Guerre des dieux, royauté de Zeus

Sur le théâtre du monde voilà donc le décor planté. L'espace s'est ouvert, le temps s'écoule, les générations vont se succéder. Il y a le monde souterrain en bas, il y a la vaste terre, les flots, le fleuve Océan qui entoure le tout, et, au-dessus, un ciel fixe. De même que la terre est un siège stable pour les humains, pour les animaux, de même, tout en haut, le ciel éthéré est un séjour sûr pour les divinités. Les Titans, qui sont les premiers dieux proprement dits, les enfants de Ciel, ont donc le monde à leur disposition. Ils vont s'installer tout à fait en haut, sur les montagnes de la terre, là où s'établira aussi le siège stable des divinités mineures, les Naïades, les Nymphes des bois, les Nymphes des montagnes. Chacun prend place où il peut agir. Tout en haut du ciel se trouvent les dieux Titans, ceux qu'on appelle les Ouranides, les enfants d'Ouranos, garçons et filles. A leur tête se trouve le cadet, le plus jeune des dieux, qui est un dieu rusé, fourbe, cruel. C'est lui, Cronos, qui n'a pas hésité à couper les parties sexuelles de son père. En osant cet acte, il a débloqué l'univers, créé l'espace, donné naissance à un monde différencié, organisé. Cet acte positif comprend aussi un aspect sombre, c'est en même temps une faute dont il faudra payer le prix. Car au moment où Ciel s'est retiré à sa place définitive, il n'a pas manqué de lancer contre ses enfants, les premiers dieux individualisés, une imprécation qui se réalisera et que prendront en charge les Érinyes, nées de la mutilation. Un jour, il faudra que Cronos paie sa dette aux Érinyes vengeresses de son père.

C'est donc le plus jeune mais aussi le plus audacieux de ses fils, celui qui a prêté son bras à la ruse de Gaïa pour écarter le Ciel et l'éloigner d'elle, c'est Cronos qui sera le roi des dieux et du monde. Avec lui, autour de lui, se tiennent les dieux Titans, inférieurs mais complices. Cronos les a libérés, ils sont ses protégés. Nés des embrassements d'Ouranos et de Gaïa, existaient également deux trios de personnages, d'abord bloqués, comme leurs frères Titans, dans le giron de la Terre, ce sont les trois Cyclopes et les trois Hekatonchires. Que deviennent-ils ? Tout laisse supposer que Cronos, ce dieu jaloux, méchant, toujours aux aguets et à l'affût, craignant qu'on ne mijote contre lui quelque mauvais coup, les enchaîne. Il couvre de liens les trois Cyclopes, les trois Hekatonchires, et il les relègue dans le monde infernal. Par contre, les Titans et les Titanes, frères et sœurs, vont s'unir et, en particulier, Cronos à l'une d'entre elles, Rhéa. Celle-ci apparaît comme une sorte de doublet de Gaïa. Rhéa et Gaïa sont deux puissances primordiales proches. Cependant quelque chose les différencie : Gaïa possède un nom transparent pour tout Grec, Gaïa se nomme Terre et *est* la terre ; Rhéa, pour sa part, a reçu un nom personnel, individualisé, qui n'incarne aucun élément naturel. Rhéa représente un aspect plus anthropomorphe, plus humanisé, plus spécialisé que Gaïa. Mais, au fond,

Gaïa et Rhéa sont comme une mère et sa fille, elles sont tout à fait proches, ce sont des semblables.

Dans la bedaine paternelle

Cronos s'accouple à Rhéa et aura donc des enfants, lui aussi, qui vont donner naissance à d'autres enfants. Ceux-là formeront une nouvelle génération de divinités, la deuxième génération de dieux individualisés, avec leurs noms, leurs rapports, leurs secteurs d'influence. Mais Cronos, méfiant, jaloux, et soucieux de son pouvoir, n'a pas confiance en ses enfants. Il s'en méfie d'autant plus que Gaïa l'a mis en garde. Mère de toutes les divinités primordiales, elle est dans les secrets du temps, elle en saisit ce qui, dissimulé dans l'obscurité de ses replis, vient peu à peu au jour. Elle connaît d'avance l'avenir. Gaïa a prévenu son fils qu'il risquait de devenir lui-même victime d'un de ses enfants. Un de ses fils, plus fort que lui, le détrônera. Par conséquent, la souveraineté de Cronos est une souveraineté temporaire. Aussi celui-ci, plein d'inquiétude, prend-il ses précautions. Dès qu'il a un enfant, il l'avale, il le dévore, il le met dans son ventre. Tous les enfants de Cronos et de Rhéa sont ainsi engloutis dans la bedaine paternelle.

Naturellement, Rhéa n'est pas plus satisfaite de cette façon d'agir que Gaïa ne l'était du comportement d'Ouranos, empêchant ses enfants de venir à la lumière. Ouranos et Cronos rejettent en quelque sorte leur progéniture dans la nuit de l'avant-naissance. Ils ne veulent pas qu'elle s'épanouisse à la lumière, comme un arbre qui, perçant le sol, mène sa vie entre le ciel et la terre. Sur le conseil de Terre, Rhéa décide de parer à la conduite scandaleuse de Cronos. C'est pourquoi elle médite une ruse, une tromperie, une fraude, un mensonge. Ce faisant, elle oppose à Cronos cela même qui le définit, car il est un dieu de ruse, un dieu de mensonge et de duplicité. Quand le dernier des enfants, Zeus, le plus jeune garçon – comme Cronos était le plus jeune garçon d'Ouranos –, est sur le point de naître, Rhéa se rend en Crète où elle accouche clandestinement. Elle confie le bébé à la garde d'êtres divins, les Naïades, qui vont se charger de l'élever à l'intérieur d'une grotte afin que Cronos ne se doute de rien, qu'il n'entende pas les vagissements du nouveau-né. Puis, les cris de l'enfant grandissant rapidement, Rhéa demande à des divinités masculines, les Courètes, de rester devant la grotte, de se livrer à des danses guerrières pour que le cliquetis des armes et divers bruits et chants couvrent le son de la voix du jeune Zeus. Par conséquent, Cronos ne se doute de rien. Mais, comme il sait bien que Rhéa était enceinte, il attend de voir le petit dernier dont elle a accouché et qu'elle doit lui présenter. Alors que lui apporte-t-elle ? Une pierre. Une pierre qu'elle a dissimulée dans des langes d'enfant. Elle dit à Cronos : « Fais attention, il est fragile, il est petit », et hop, d'un coup, Cronos avale la pierre emmaillotée. Toute la génération des enfants de Cronos et Rhéa est donc dans le ventre de Cronos, et puis, par-dessus le tout, il y a la pierre.

Pendant ce temps-là, Zeus, en Crète, grandit et devient fort. Quand il arrive à pleine maturité, l'idée lui vient de faire expier à Cronos sa faute envers ses propres enfants et aussi envers Ouranos qu'il a dange-reusement mutilé. Comment s'y prendre ? Zeus est seul. Il veut que Cronos dégorge, vomisse la ribambelle d'enfants qu'il a dans le ventre. C'est à nouveau grâce à la ruse qu'il y parviendra, la ruse que les Grecs appellent *mètis*, c'est-à-dire cette forme d'intelligence qui sait combiner à l'avance toutes sortes de procédures pour tromper la personne qu'on a en face de soi. La ruse de Zeus consiste à faire prendre à Cronos un *pharmakon*, un médicament présenté comme un sortilège, mais qui est en réalité un vomitif. C'est Rhéa qui le lui offre. A peine Cronos l'a-t-il avalé qu'il commence par vomir la pierre, il vomit Hestia, qui vient la première, puis toute la suite des dieux et déesses en sens inverse de leur âge. C'est le plus âgé qui est dans le fond, c'est la plus jeune qui est juste après la pierre. Cronos réitère, à sa façon, en les rejetant, la naissance de tous les enfants que Rhéa a mis au monde.

Une nourriture d'immortalité

Voici donc rassemblé un ensemble de dieux et de déesses qui viennent se ranger aux côtés de Zeus. Commence alors ce qu'on peut appeler la guerre des dieux, c'est-à-dire leur affrontement en un combat longtemps indécis, qui se prolonge durant environ dix « grandes années », c'est-à-dire des myriades d'années puisque la grande année dure cent ans voire mille ans.

D'un côté, autour de Cronos, se rassemblent les autres dieux Titans, de l'autre, autour de Zeus, se tiennent ceux qu'on appelle les Cronides ou les Olympiens. Chacun a établi son siège, son camp, en haut d'une montagne, et ils se battent longuement sans que la victoire penche clairement d'un côté ou de

l'autre. Le théâtre du monde se trouve donc non seulement planté, mais il est maintenant occupé, déchiré
par cette guerre interminable entre la première génération de dieux et leurs enfants. Ici encore la ruse
intervient. Il y a plusieurs volets à cette étrange bataille
entre puissances divines. Ce qui est certain, c'est que
la victoire appartiendra au camp qui n'aura pas seulement avec lui la force brutale mais aussi l'intelligence
subtile. Ce ne sont pas la violence et le surcroît de
force qui jouent le rôle déterminant dans cette bataille
indécise mais l'astuce et la ruse. C'est pourquoi un
personnage qu'on appelle aussi Titan, bien qu'il
appartienne à la deuxième génération – il est le fils du
Titan Japet –, Prométhée, doit passer du côté de Zeus
et lui apporter précisément ce qui manque encore au
jeune dieu, c'est-à-dire la ruse. Cette *mètis*, l'esprit
intelligent et fourbe, permet avant tout de machiner à
l'avance les événements pour qu'ils se produisent
conformément à ce que l'on souhaite.

Gaïa, cette grande mère à la fois sombre et lumineuse, muette et particulièrement loquace, explique à
Zeus que, pour l'emporter, il doit rallier des êtres
apparentés aux Titans mais qui ne sont pas dans le
camp des Titans ; elle veut parler des trois Cyclopes et
des trois Hekatonchires. Car ces dieux Titans sont des
divinités primordiales, qui ont encore toute la brutalité
de forces naturelles, et, pour vaincre et soumettre les
puissances de désordre, il est nécessaire de s'incorporer
la force du désordre. Des êtres purement rationnels,
purement ordonnés, n'y parviendraient pas. Zeus a
besoin dans son camp de personnages qui incarnent
les puissances de brutalité violente et de désordre
passionné que représentent pour leur part les Titans.

Aussi Zeus délie-t-il, libère-t-il les Cyclopes et les Hekatonchires qui sont dès lors disposés à lui prêter main forte. Mais le conflit n'est pas pour autant terminé. Pour trouver en eux des alliés fidèles, il faut non seulement leur rendre la liberté de mouvement après les avoir ramenés de la geôle nocturne, obscure, où ils étaient cachés par Cronos, mais Zeus doit également leur donner l'assurance que, s'ils combattent à ses côtés, ils auront droit au nectar et à l'ambroisie, c'est-à-dire à une nourriture d'immortalité.

Réapparaît ici ce thème de la nourriture qui a déjà joué un grand rôle : Cronos, avec un appétit féroce, avalait ses enfants, il en faisait sa nourriture ; il était tellement soucieux de se remplir la panse que, lorsqu'il reçut, en guise de bébé, une pierre, il l'engloutit aussi. Les Hekatonchires et les Cyclopes, qui sont de la même génération que les Titans, Zeus en fait des divinités olympiennes véritables en leur accordant le privilège d'une nourriture d'immortalité. Car ce qui caractérise les dieux olympiens, c'est que, contrairement aux animaux qui mangent n'importe quoi, contrairement aux hommes qui vont se nourrir de pain, de vin et de viande rituellement sacrifiée, les dieux ne se nourrissent pas, ou plutôt, ils absorbent une nourriture d'immortalité, en rapport avec leur vitalité intérieure qui, contrairement à celle des hommes, ne s'épuise jamais, ignore la fatigue. Les hommes, après un effort, ont faim et soif. Ils doivent recharger à nouveau leurs batteries. Les dieux n'ont pas ce souci constant. Au contraire, ils ont une forme d'existence continue. Le nectar et l'ambroisie qu'on offre aux Hekatonchires et aux Cyclopes, c'est la confirmation qu'ils font vraiment partie des divinités, au plein sens du terme. D'un côté l'astuce subtile, la ruse, de l'autre la force brute, la violence et le déchaînement du désordre, retournés, par le biais des Cyclopes et des Cent-bras, contre les dieux Titans qui les incarnent. Finalement, au bout de dix grandes années d'un combat incertain, les plateaux de la balance vont pencher du côté de ceux qu'on appelle les Olympiens parce qu'ils combattent depuis le sommet de l'Olympe.

Qui sont les Cyclopes ? Comment apportent-ils la victoire à Zeus ? En lui offrant une arme irrésistible, la foudre. C'est Gaïa, toujours présente, qui leur donne les moyens de la fabriquer, tout comme elle avait tiré de son sein ce blanc métal acier de la serpe qui avait armé la main de Cronos. Ici encore, c'est elle qui fournit le matériau. Les Cyclopes, avec leur œil unique, comme des forgerons, des Héphaïstos avant la lettre, détiennent cette foudre qu'ils vont mettre à la disposition de Zeus pour qu'il s'en serve à tout moment. Dans la main de Zeus, elle est un condensé de lumière et de feu incroyablement puissant et actif. On comprend que les Cyclopes aient un œil unique : c'est que l'œil lui-même est comme du feu. Au sein des êtres, le regard est pour les Anciens – pour ceux qui ont pensé ces histoires – la lumière qui sort de l'œil. Mais celle qui va surgir de l'œil de Zeus, c'est précisément la foudre. Chaque fois qu'il sera véritablement en danger, son œil va foudroyer ses adversaires. L'œil d'une part pour les Cyclopes, et d'autre part, pour les Hekatonchires, ces monstres qui ont une taille formidable et une puissance multipliée par cent, des bras ou même, comme diraient les Grecs qui ne font pas la distinction, des mains, des *cheires*. Les Heka-tonchires ont cent mains : ils sont la poigne, la force.

Avec ces deux atouts, l'œil du Cyclope qui foudroie et la puissance du bras qui domine, Zeus devient vraiment invincible.

Il y a un point culminant dans cette bataille. Dans ce sommet du combat entre les puissances divines, où Zeus lance sa foudre et les Hekatonchires se précipitent sur les Titans, le monde retourne à un état chaotique. Les montagnes s'écroulent, des crevasses s'ouvrent et, du fond du Tartare, là où règne la Nuit, on voit tout d'un coup monter des profondeurs la brume. Le ciel s'écroule sur la terre, on revient à l'état de *Chaos*, à l'état primordial de désordre originel, quand rien n'avait encore de forme. La victoire de Zeus n'est pas seulement une façon de vaincre son adversaire et père Cronos, c'est aussi une manière de recréer le monde, de refaire un monde ordonné à partir d'un Chaos, à partir d'une Béance où rien n'est visible, où tout est désordre.

On voit très clairement que l'une des forces de Zeus, qu'il s'agisse de la main des Cent-bras ou de l'œil des Cyclopes, tient à sa capacité de dompter l'adversaire, de lui imposer son joug. La souveraineté de Zeus est celle d'un roi qui possède la magie des liens. Lorsqu'un adversaire se dressera face à lui, Zeus lui lancera le fouet lumineux de son regard et sa foudre l'entourera. Force de l'œil, force du bras, l'adversaire tombe dompté. Au moment de cette sinistre apothéose de la puissance de Zeus, qui implique comme étape nécessaire un retour provisoire au Chaos, les Titans sont précipités au sol. Zeus les fait chuter sous les coups de fouet de sa foudre et sous la poigne des Hekatonchires. Ils tombent à terre et les Cent-bras précipitent sur eux une montagne d'énormes pierres sous lesquelles les

Titans ne peuvent plus bouger. Ces dieux, dont la puissance se manifestait par la mobilité, par la présence continue, sont réduits à rien, immobilisés et contraints sous une masse dont ils ne peuvent s'extraire. Leur force ne peut plus s'exercer. Les Cent-bras – Cottos, Briarée, Gyès – s'emparent d'eux et les emmènent dans le monde souterrain. Les Titans ne peuvent pas être tués puisqu'ils sont immortels mais ils sont renvoyés au Chaos souterrain, dans le Tartare brumeux, où rien n'est distinct, où il n'y a pas de direction, béance ouverte dans le fond de la terre. Pour qu'ils ne puissent pas remonter à la surface, Poséidon est chargé de construire un rempart autour de cette espèce de col qui, au plus profond du sol, forme le passage étroit débouchant dans le monde souterrain et ombreux du Tartare. Par ce col, comme par le goulot d'une jarre, s'enfoncent toutes les racines que la terre implante dans les ténèbres pour assurer sa stabilité. C'est là que Poséidon élève un triple mur d'airain et qu'il institue les Cent-bras gardiens fidèles de Zeus. En bloquant cette ouverture, toutes les précautions sont prises pour que cette génération de Titans ne puisse plus resurgir à la lumière.

La souveraineté de Zeus

Voici donc achevé le premier acte. Zeus est maintenant le vainqueur. Il a obtenu l'appui des Cyclopes et des Cent-bras, mais également le ralliement d'un certain nombre de puissances titanesques. En particulier, celui d'une déesse qui représente tout ce que le monde souterrain, le monde infernal, et aussi le monde aquatique, peuvent comporter de puissance dangereuse, la déesse Styx. Elle coule dans les profondeurs de la terre, elle coule dans le Tartare, puis elle surgit à un moment donné à la surface. Les eaux du Styx sont si puissantes que tout mortel qui veut en boire tombe immédiatement foudroyé, mort. Styx décide, au cours de la bataille, de quitter le camp des Titans, auquel elle appartient par son origine, et de passer du côté de Zeus. En se rangeant auprès de lui, elle entraîne avec elle ses deux enfants, dont l'un s'appelle *Kratos*, l'autre *Biè*. Kratos représente le pouvoir de domination, le pouvoir de dompter et d'en imposer à ses adversaires. Biè incarne la violence brutale qui s'oppose à la ruse. Après sa victoire sur les Titans, Zeus s'entoure en permanence de Kratos, le pouvoir de souveraineté universelle, et de Biè, la capacité de déclencher une violence contre laquelle il n'est pas possible de se défendre. Lorsque Zeus se déplace, où qu'il aille, Kratos et Biè l'encadrent toujours, placés à sa droite et à sa gauche.

Voyant cela, les dieux olympiens, ses frères et sœurs, décident que la souveraineté revient à Zeus. Les Titans ont payé le prix de leur infamie et à présent Zeus assume la souveraineté. Il répartit entre les dieux les honneurs et les privilèges. Il institue un univers divin hiérarchisé, ordonné, organisé et qui, par conséquent, sera stable. Le théâtre du monde est planté, le décor est mis en place. A son sommet règne Zeus, l'ordonnateur d'un monde issu originellement de Chaos.

D'autres questions se posent. Ouranos et Cronos étaient des êtres à bien des égards semblables. Tous les deux se caractérisent par le fait qu'ils n'ont pas voulu voir leurs enfants leur succéder. Ils ont l'un et l'autre empêché leur progéniture de venir à la lumière. Ces premiers dieux représentent une couche divine qui refuse qu'une autre couche divine prenne sa place dans la succession des générations. Mis à part ces analogies, le personnage d'Ouranos n'a rien à voir avec le personnage de Cronos du point de vue de la fable et du récit. Ouranos, procréé par Gaïa, s'accouple ensuite avec elle indéfiniment ; il n'a pas d'autre objectif que de s'unir à celle qui l'a enfanté dans un coït ininterrompu. Ouranos est dépourvu de ruse, il est désarmé. Il n'imagine pas un instant que Gaïa puisse vouloir se venger de lui.

A la différence d'Ouranos, Cronos ne bloque pas sa progéniture dans le ventre de la mère, mais dans son propre ventre. Ouranos obéit à sa pulsion d'Éros primordial qui l'immobilise, le fixe sur Gaïa ; au contraire, tout ce que fait Cronos est déterminé par sa volonté de garder le pouvoir, de rester le souverain. Cronos est le premier politique. Il est non seulement le premier roi des dieux, le premier roi de l'univers, mais il est aussi le premier à penser de manière rusée et politique par crainte d'être dépossédé de son sceptre.

Avec Zeus se dessine un univers très différent. Ce sont ses pairs qui choisissent de faire de lui le roi. Il répartit avec la plus grande justice les honneurs que chacun mérite. Il maintient même les privilèges de certaines puissances titanesques, qui les possédaient avant son arrivée au pouvoir, et qui ne se sont pas clairement rangées d'un côté ou de l'autre dans le conflit des dieux. C'est ainsi que l'Océan, *Okéanos*, ce fleuve qui entoure le monde, ne s'est prononcé ni pour les Titans ni pour les Olympiens. Or, bien qu'il soit resté neutre, il va continuer à veiller sur les frontières extérieures du monde en l'enserrant dans son circuit liquide.

Zeus maintient et étend même tous les privilèges d'Hécate, divinité féminine qui, elle non plus, n'est pas rentrée dans la querelle. Il est vrai que, dans la répartition des pouvoirs que Zeus ordonne, Hécate occupe une place à part. Cette divinité n'est pas spécifiquement céleste ou terrestre, mais représente, dans un monde divin masculin très strictement organisé, une forme de jeu, de bon plaisir, de hasard. Elle peut favoriser quelqu'un ou, au contraire, lui nuire sans que l'on sache trop pourquoi. Hécate accorde à sa guise le bonheur ou le malheur. Dans l'eau, elle fait ou non prospérer les poissons, dans le ciel, les oiseaux, et sur terre, les troupeaux. Elle incarne un élément de gratuité dans le monde divin, elle y introduit un brin d'aléatoire. Zeus et Gaïa surplombent le temps, ils savent à l'avance comment il va se dérouler ; Hécate met un peu d'huile dans les rouages, elle permet que le monde fonctionne de façon plus libre, avec une marge d'imprévu. Ses privilèges sont immenses.

On pourrait penser qu'à présent tout est réglé, mais, naturellement, ce n'est pas le cas. La nouvelle génération divine est en place. A sa tête se trouve Zeus, roi des dieux, qui n'a pas simplement remplacé Cronos, mais qui est son contraire. Cronos était la non-justice, il ne tenait pas compte de ses alliés, tandis que Zeus fonde sa domination sur une certaine justice, avec un souci d'égalité dans la façon dont il favorise les autres divinités. Il redresse ce que la souveraineté de Cronos avait d'unilatéral, de personnel, de malfaisant. Zeus institue une forme de souveraineté plus mesurée, mieux équilibrée.

41

Le temps passe. Zeus a des enfants et, bien entendu, ces enfants vont vite grandir, devenir très forts et puissants. Or quelque chose dans la façon dont le monde fonctionne représente une menace pour l'univers divin. Pour devenir adultes, les êtres doivent grandir, et le temps use toute chose : Zeus lui-même a été un petit enfant, dans ses langes, qui vagissait au secret de sa grotte, protégé par des gardiens. Le voici dans la force de l'âge, mais n'y aura-t-il pas, pour lui aussi, de déclin ? Est-ce que pour les dieux, comme pour les hommes, ne vient pas un moment où le vieux roi sent qu'il n'est plus exactement ce qu'il était, où il voit à côté de lui son jeune fils, qu'il protégeait, devenir plus fort que lui et réussir là où maintenant il échoue ? Cela ne va-t-il pas arriver à Zeus lui-même ? De la même façon que Cronos a détrôné son père Ouranos, puis Zeus son père Cronos, Zeus à son tour sera-t-il détrôné par un fils ? Eh bien oui, cela peut, ou même cela doit arriver, c'est comme inscrit par avance dans l'ordre du temps. Gaïa le sait ; Rhéa le sait aussi. Et Zeus, mis en garde, doit se prémunir contre cette éventualité. L'ordre qu'il a établi doit être tel qu'il ne puisse être remis en cause par une lutte de succession pour le pouvoir royal. Devenu roi des dieux, maître du monde, Zeus ne saurait être un souverain comme un autre. Il lui faut incarner la souveraineté en tant que telle, une puissance de domination permanente et définitive. Une des clés de cette stabilité d'un règne immuable remplaçant une série de règnes successifs réside dans le mariage du dieu souverain.

Les ruses du pouvoir

La première épouse de Zeus porte le nom de *Mètis*, qui signifie cette forme d'intelligence dont nous avons vu qu'elle lui a permis de conquérir le pouvoir : *mètis*, la ruse, la capacité de voir à l'avance tout ce qui va se passer, de n'être surpris ni dérouté par rien, de ne jamais prêter le flanc à une attaque inattendue. Zeus épouse donc Mètis et bientôt celle-ci devient grosse d'Athéna. Zeus craint qu'un fils, à son tour, ne le détrône. Comment l'éviter ? Nous retrouvons ici le thème de l'avalement. Cronos avalait ses enfants, mais il n'allait pas à la racine du mal puisque c'est par une *mètis*, une ruse, qu'un vomitif lui fit rendre tous ses enfants. Zeus désire résoudre le problème d'une manière bien plus radicale. Il se dit qu'il n'y a qu'une seule solution : il ne suffit pas que Mètis soit auprès de lui comme épouse, il lui faut devenir lui-même Mètis. Il n'a pas besoin d'une associée, d'une compagne, il doit être la *mètis* en personne. Comment faire ? Mètis a le pouvoir de se métamorphoser, elle prend toutes les formes, à la manière de Thétis et d'autres divinités marines. Elle est capable de se faire animal sauvage, fourmi, rocher, tout ce qu'on veut. Un duel de ruses se déroule entre l'épouse, Mètis, et l'époux, Zeus. Qui va l'emporter sur l'autre ?

On peut supposer, avec de bonnes raisons, que Zeus utilise une procédure que nous connaissons également dans d'autres cas. Qui consiste en quoi ? Pour se mesurer à une sorcière ou à un magicien extraordinairement doués et puissants, naturellement, l'affrontement direct est voué à l'échec. Par contre, si l'on s'y prend de façon rusée, peut-être a-t-on une chance de l'emporter. Zeus interroge Mètis : « Peux-tu vraiment prendre toutes les formes, pourrais-tu être un lion qui crache du feu ? » Tout aussitôt, Mètis devient une lionne qui crache du feu. Terrifiant spectacle. Zeus lui demande ensuite : « Est-ce que tu pourrais être aussi une goutte d'eau ? – Oui, bien sûr. – Montre-le-moi. » A peine s'est-elle transformée en goutte d'eau qu'il l'avale. Voilà Mètis dans le ventre de Zeus. La ruse a encore opéré. Le souverain ne se contente pas d'avaler ses éventuels successeurs ; il incarne désormais, dans le cours du temps, dans le flux temporel, cette prescience rusée qui permet de déjouer à l'avance les plans de quiconque chercherait à le surprendre, à le devancer. Son épouse Mètis, enceinte d'Athéna, se trouve dans son ventre. Athéna va donc sortir non pas du giron de sa mère mais de la grosse tête de son père, qui est devenue comme le ventre de Mètis. Zeus pousse des hurlements de douleur. Prométhée et Héphaïstos sont appelés à la rescousse. Ils viennent avec une double hache, donnent à Zeus un bon coup sur le crâne et, avec un grand cri, Athéna sort de la tête du dieu, jeune vierge tout en armes, avec son casque, sa lance, son bouclier et sa cuirasse de bronze. Athéna, la déesse inventive, pleine d'astuce. En même temps, toute la ruse du monde est désormais concentrée dans la personne de Zeus. Il est à l'abri, plus personne ne pourra le surprendre. Voilà résolue cette grande question de la souveraineté. Le monde divin a un maître que rien ne peut plus mettre en cause, parce qu'il est la souveraineté même. Rien ne peut plus dès lors menacer l'ordre cosmique. Tout se règle lorsque Zeus avale Mètis et qu'ainsi il devient le *Metioeis*, le dieu fait tout entier *mètis*, la Prudence en personne.

Mère universelle et Chaos

Voici donc la guerre des dieux terminée. Les Titans sont vaincus, les Olympiens vainqueurs. En réalité, rien n'est résolu, parce que, après la victoire de Zeus, au moment où il semble que le monde soit enfin pacifié, que règne un ordre définitif, stable et juste, à ce moment précis Gaïa donne naissance à un nouvel être plus jeune dont le nom est tantôt Typhée, tantôt Typhon. Elle l'a conçu en s'unissant d'amour, sous l'impulsion d'« Aphrodite d'or » comme le disent les traditions, avec un personnage masculin qui se nomme Tartare. C'est ce gouffre qui, en elle, au fond d'elle, représente comme un succédané, un écho du Chaos primordial. Souterrain, brumeux, nocturne, Tartare appartient à une lignée tout à fait différente de ces puissances célestes que sont les dieux olympiens ou même les Titans.

A peine ceux-ci ont-ils été chassés du ciel, expédiés au fond du Tartare pour y demeurer à jamais enfermés, que Gaïa choisit donc, pour produire un nouvel et dernier rejeton, de s'unir précisément à ce Tartare qui est aux antipodes du ciel. Gaïa se situe, comme plancher du monde, à mi-distance entre le ciel éthéré et le Tartare enténébré. Qu'on laisse tomber, du haut du ciel, une enclume d'airain, il lui faudrait neuf jours et neuf nuits pour atteindre la terre le dixième jour. Et la même enclume, tombant de la terre vers le bas, mettrait le même temps pour parvenir jusqu'au Tartare. En créant Ouranos, en s'unissant à lui, Gaïa a engendré toute la lignée des dieux célestes. Mère universelle, elle conçoit tout, prévoit tout. Elle possède des dons oraculaires et une forme de prescience qui lui permet de révéler, lors des combats, à qui lui plaît, les voies secrètes, cachées, malicieuses de la victoire. Mais Gaïa est également la terre noire, la terre brumeuse. Il reste en elle quelque chose de chaotique, de primitif. Elle ne se reconnaît pas entièrement parmi ces dieux qui campent dans l'éther brillant, là où jamais la moindre ombre n'apparaît. Elle ne se sent pas aussi respectée qu'elle le mérite par ces personnages qui, du sommet de l'Othrys à celui de l'Olympe, s'affrontent sans merci pour dominer le monde.

Au début, on s'en souvient, il y eut Chaos. Ensuite Terre. Gaïa, la mère universelle, est de fait le contraire du Chaos mais, en même temps, elle tient au Chaos ; non seulement parce que dans ses profondeurs, par le Tartare, par l'Érèbe, se retrouve un élément chaotique, mais aussi parce qu'elle surgit juste après lui. En dehors d'elle, il n'existe alors rien d'autre dans le cosmos que Chaos.

L'être qu'elle va produire, et qui va remettre en cause non seulement Zeus mais tout le système divin olympien, est un être chthonien au sens de terrestre : *Chthôn*, c'est la terre dans son aspect sombre, nocturne, et non pas la terre en tant que mère, assise sûre pour tous les êtres qui marchent dessus et s'appuient sur elle. Ce personnage monstrueux, gigantesque, primordial, il est, sous la forme où Gaïa le produit, une figure singulière, une sorte d'animal monstrueux qui comporte des aspects humains et des aspects non humains. D'une force effroyable, il possède la puissance du Chaos, du primordial, du désordre. Il a des membres aussi puissants que ceux des Cent-bras, des bras qui s'attachent aux épaules avec une vigueur, une souplesse, une puissance terribles. Ses pieds prennent fermement appui sur le sol, ils sont infatigables et toujours en mouvement. C'est un être de mouvement, de mobilité. Il n'est pas, comme on en voit l'exemple dans certains mythes du Proche-Orient, une masse pesante et inerte qui, à certains moments seulement, grandit et n'agit que comme puissance de résistance menaçant d'occuper tout l'espace entre terre et ciel. Au contraire Typhon est tout le temps en train de bouger, de frapper, de mettre en branle ses jambes et ses pieds. Il a cent têtes de serpent, mais cent têtes de serpent avec chacune une langue noire projetée hors de la bouche. Ces cent têtes possèdent chacune une paire d'yeux qui dardent une flamme brûlante, une clarté qui illumine ces têtes serpentines et qui en même temps consume tout ce vers quoi se portent leurs regards.

Et que raconte-t-il, cet affreux monstre ? Il use de voix multiples : de temps en temps, il parle le langage des dieux et, parfois, celui des hommes. A d'autres moments, il pousse les cris de toutes les bêtes sauvages imaginables : il rugit comme un lion, il mugit comme un taureau. Sa voix, sa façon de parler sont aussi multiformes, diverses et bigarrées que son aspect est lui-même tout entier monstrueux. Son être traduit moins une essence particulière qu'un mélange confus de toutes les choses, la réunion en un seul individu des aspects les plus contraires et de traits incompatibles. Si cette monstruosité chaotique dans l'aspect, le parler, le regard, la mobilité, la puissance, avait triomphé, alors l'ordre de Zeus aurait été anéanti.

Après la guerre des dieux et l'accession de Zeus à la royauté, la naissance de Typhée ou Typhon constitue un danger pour l'ordre olympien. Sa victoire aurait signé le retour du monde à l'état primordial et chaotique. Que se serait-il passé ? La longue lutte des dieux les uns contre les autres se serait effacée. Le monde serait revenu à une espèce de chaos. Non pas en retournant au chaos primordial d'origine, puisque de celui-ci était sorti un monde organisé, mais en se livrant à une pagaille généralisée.

Typhon ou la crise du pouvoir suprême

Typhon attaque Zeus. La bataille est terrifiante. Comme au temps de la lutte des Titans et des Olympiens, Zeus obtient la victoire par une espèce de tremblement de terre, de bouleversement des éléments. Les flots se précipitent sur les terres, les montagnes s'écroulent au moment où Zeus tonne pour essayer de fracasser, de dompter par sa foudre le monstre. Au sein même d'Hadès, le gouffre des morts et de la nuit, tout se mélange, tout est béant. La lutte de Typhon contre Zeus, c'est la lutte du monstre aux centaines d'yeux flamboyants contre la fulgurance du regard divin. Bien entendu, c'est l'œil foudroyant de Zeus, avec la lumière qu'il projette, qui aura raison de ces flammes que lancent les cent têtes de serpent du monstre. Yeux contre œil. C'est Zeus qui gagne.

Une anecdote raconte que Zeus, ayant commis l'erreur de relâcher sa garde en s'endormant dans son palais, lui dont l'œil, pourtant, devrait demeurer sans cesse vigilant, Typhon s'approche, aperçoit l'endroit où Zeus a posé sa foudre, s'apprête à la saisir ; mais, juste au moment où il va mettre la main sur l'arme de la victoire, Zeus ouvre l'œil et foudroie aussitôt son ennemi. Deux puissances s'opposent : de la chaotique ou de l'olympienne, laquelle va devancer l'autre par sa vigilance et par sa fulgurance ? Finalement, là encore, Typhon est abattu. Les nerfs de ses bras et de ses jambes, ce qui en lui incarne la force vitale dans ce qu'elle a de combatif, sont vaincus par la foudre. Le voilà paralysé, des rochers jetés sur lui, et reconduit dans le Tartare brumeux où se trouve son origine.

D'autres récits assez curieux expriment différemment le caractère monstrueux de Typhée. Ces histoires sont racontées tardivement, au IIe siècle de notre ère. Entre le Typhée d'Hésiode, au VIIe siècle avant, et celui dont il sera question à présent, les écarts tiennent en grande partie à des influences orientales.

Gaïa, fatiguée des dieux olympiens, engendre avec Tartare un monstre. Celui-ci est décrit comme un colosse immense, les pieds puissamment campés en terre, et doté d'un corps qui n'en finit pas, de sorte que son front heurte le ciel. Quand il étend les bras en croix, une de ses mains touche l'extrême est, l'autre main touche l'extrême ouest. Par sa nature, il réunit et confond le bas et le haut, le ciel et la terre, la droite et la gauche, l'Orient et l'Occident. Cette masse chaotique se lance à l'assaut de l'Olympe. Quand les Olympiens l'aperçoivent, pris d'une terreur irrésistible, ils se transforment en oiseaux et se sauvent. Zeus, resté seul, fait face à cette immense brute, haute comme le monde et large comme l'univers. Zeus tonne et frappe Typhée, obligé de reculer. Alors Zeus prend la *harpè*, la faucille, et essaie de le vaincre, mais il l'attaque au corps à corps, et cette fois c'est Typhée qui l'emporte, car grâce à sa masse il arrive à encercler Zeus et à le paralyser. Typhée lui coupe ensuite les nerfs des bras et des jambes. Puis il part avec le corps de Zeus sur le dos, et le dépose dans une caverne de Cilicie. Le monstre cache en même temps les nerfs et la foudre de Zeus.

On pourrait croire que tout est perdu et que, cette fois-ci, c'est l'univers du désordre complet qui l'emporte. En effet, la brute se tient là, parfaitement contente et satisfaite devant le pauvre Zeus, enfermé dans cette caverne, incapable de bouger, sans aucune énergie, les nerfs des bras et des jambes coupés, privé de sa foudre. Mais comme précédemment, du côté des Olympiens et de Zeus, ce sont la ruse, l'astuce, le mensonge, la tromperie, l'intelligence qui l'emporteront. Deux personnages, Hermès et Égipan, parviennent ainsi à récupérer les nerfs de Zeus, sans que Typhon s'en aperçoive. Zeus les remet en place comme on remettrait des bretelles, et ressaisit la foudre. Quand Typhon, qui s'était endormi, se réveille et découvre que Zeus n'est plus dans la caverne, le combat reprend de plus belle, mais aboutit désormais à la défaite définitive du monstre.

D'autres versions analogues racontent comment Zeus est momentanément vaincu, fait prisonnier, laissé sans forces ni foudre. C'est le rusé Cadmos qui déjoue les manœuvres du monstre. Typhon, qui croit que tout est déjà réglé, annonce qu'il est roi de l'univers et qu'il va faire revenir les dieux primordiaux au pouvoir. Il veut libérer les Titans et effacer le règne de Zeus. Roi bâtard, roi boiteux, Typhon est le roi du désordre qui détrône Zeus, le roi de la justice. C'est alors que Cadmos commence à jouer de la flûte. Typhon trouve sa musique admirable. Il l'écoute puis doucement s'assoupit et s'endort tout à fait. Il se souvient des histoires qui racontent comment Zeus fit enlever certains mortels pour qu'ils le charment par la musique et la poésie. Il veut faire de même et propose à Cadmos d'être son chantre, non pas celui de l'ordre olympien mais du chaos de Typhon. Cadmos accepte à condition d'avoir un meilleur instrument de musique qui lui permette aussi de chanter. « De quoi as-tu besoin ? demande Typhon. – Il me faudrait des cordes pour ma lyre. – J'ai ce que tu veux, des cordes formidables », annonce Typhon, qui va aussitôt chercher les nerfs de Zeus. Cadmos se met à jouer d'une manière absolument admirable. Typhon s'endort et, profitant de cette aubaine, Zeus reprend les cordes de la lyre, ou plutôt ses nerfs, les remet en place, attrape la foudre et s'apprête de nouveau au combat. Quand Typhon, le contre-roi, la contrefaçon du monarque de l'univers, se réveille, Zeus peut l'attaquer de nouveau en pleine possession de ses moyens. Et le vaincre.

Il y a encore une autre histoire où la ruse joue de la même façon, mais où Typhon n'est plus vu comme une bête multiforme ou un colosse, mais comme un animal aquatique, une baleine formidable, qui occupe tout l'espace marin. Typhon vit dans une grotte marine où il est impossible de le combattre puisque la foudre de Zeus ne peut atteindre le fond de la mer. A nouveau, une astuce renverse la situation. Comme c'est un animal qui a un très fort appétit, Hermès, patron des pêcheurs – c'est lui qui a appris à son fils Pan la façon dont on pêche les poissons –, Hermès prépare donc un repas de poissons pour appâter le monstre marin. Typhon sort en effet de son antre et se remplit la panse à tel point que, désireux de retourner dans son abri, il en est incapable, tant il a enflé.

Échoué sur le rivage, il forme une cible idéale pour Zeus, qui n'a plus aucune peine à le terrasser.

Ces histoires, un peu farfelues peut-être, comportent une même leçon. Au moment même où la souveraineté semble définitivement établie, survient une crise du pouvoir suprême. Une puissance représentant tout ce contre quoi l'ordre a été institué – le chaos, le mélange, le désordre – surgit et menace le maître du monde. Zeus paraît désarmé. Pour se rétablir sur le trône, il doit faire appel à des personnages secondaires. Ne payant pas de mine, apparemment peu redoutables, ceux-ci n'effraient pas les forces du désordre, qui ne se méfient pas d'eux. Pourtant, grâce à leurs ruses, ces dieux mineurs, ou ces simples mortels, permettent à Zeus de reprendre le dessus et de conserver le pouvoir suprême.

Zeus a-t-il enfin définitivement acquis l'hégémonie ? Pas encore. En effet, l'histoire de l'établissement de la suprématie de Zeus comporte encore un prolongement sous la forme d'un combat avec les personnages qu'on appelle les *Gigantès*, les Géants.

Victoire sur les Géants

Ce sont des êtres qui ne sont ni pleinement humains ni pleinement divins. Ils possèdent un statut intermédiaire. Les Géants sont de jeunes guerriers. Ils symbolisent, dans l'univers, la fonction guerrière, l'ordre militaire face à l'ordre royal de Zeus. Ils s'assimilent aux Cent-bras, qui comportent eux aussi des aspects de puissance guerrière, par la force et la violence qu'ils mettent en jeu. On a vu que les Cent-bras sont passés du côté de Zeus, qu'ils se soumettent à lui et acceptent son autorité. Mais les Géants, qui représentent la force des armes, la violence à l'état pur, la vigueur du corps, la jeunesse physique, en viennent à se demander pourquoi ils ne détiendraient pas, eux, le pouvoir suprême. C'est le thème principal de la guerre des Géants.

Cette guerre est très périlleuse, car c'est de la Terre qu'ils sont nés, eux aussi. Dans beaucoup de récits, on voit les Géants naître directement de Terre, sous l'espèce de combattants déjà adultes. Ce ne sont ni des bambins ni de petits garçons et pas davantage des vieillards : sitôt sortis de Terre, ils se présentent sous l'aspect de jeunes guerriers accomplis. Ils viennent au monde tout en armes, avec le casque, la tenue hoplitique, le javelot à une main, le glaive à l'autre. Aussitôt nés, ils se battent les uns contre les autres, puis s'unissent et entrent en guerre avec les dieux. Dans cette lutte, souvent décrite et représentée, on voit les Olympiens intervenir contre les Géants. Athéna, Apollon, Dionysos, Héra, Artémis, Zeus, chacun se bat avec ses propres armes. Mais Gaïa explique à Zeus que les dieux n'arriveront pas à vaincre leurs adversaires. En effet, si les Olympiens commettent d'importants dégâts chez leurs adversaires, ils ne parviennent pourtant pas à les anéantir. Et, en dépit des blessures et des pertes qui leur sont infligées, les Géants sont toujours d'attaque.

La puissance des Géants est celle d'une classe d'âge, toujours renouvelée : les jeunes à l'orée de la vie militaire. Les dieux de l'Olympe ont besoin d'une créature qui ne soit pas divine pour l'emporter. Zeus se trouve à nouveau contraint de s'appuyer sur un simple mortel pour vaincre les Géants. Sans doute a-t-il besoin d'un mortel parce que, justement, ces jeunes Géants, qui n'ont jamais été des enfants et qui ne seront jamais des vieillards, ont l'apparence d'êtres humains. Ils combattent les dieux sans que ceux-ci puissent les réduire à néant. Ils sont à mi-chemin entre la mortalité et l'immortalité. Leur statut est aussi indécis que celui du jeune homme dans la fleur de sa jeunesse : il n'est pas encore un homme fait, mais n'est déjà plus un enfant. Tels sont les Géants.

Les fruits éphémères

Pour mener à bien leur action, les Olympiens s'assurent l'appui d'Héraclès. Celui-ci n'est pas encore un dieu, il n'est pas monté à l'Olympe, il est simplement le fils de l'union de Zeus et d'une mortelle, Alcmène. Il est lui-même mortel. C'est Héraclès qui va exercer des ravages sur la race, la tribu, la *phulè* des Géants, le peuple des Géants. Or, malgré ces ravages, la lutte n'est pas réglée. Une fois encore, Gaïa joue un rôle ambigu, car elle ne veut pas que ces créatures, qu'elle fait naître d'elle-même tout armées, soient anéanties. Elle part donc à la recherche d'une herbe, d'une plante d'immortalité, qui pousse la nuit. Elle se propose de la cueillir dès l'aube pour l'offrir aux Géants afin qu'ils deviennent immortels. Car elle souhaite que les Olympiens tiennent compte de cette jeunesse rebelle, composent avec elle et ne soient plus en mesure de l'anéantir. Mais Zeus, prévenu du dessein de Gaïa, parvient à la devancer. Juste avant que l'aube ne surgisse, que la lumière n'envahisse le sol, que la plante ne soit trop clairement visible, il la cueille. Désormais, il n'y a plus sur terre un seul fragment de cette plante d'immortalité. Les Géants ne pourront donc pas l'avaler. Ils vont immanquablement périr.

Ce détail rejoint un autre élément, que tantôt l'on attribue à l'histoire des Géants, tantôt à celle de Typhon. On raconte que Typhon était à la recherche d'un *pharmakon*, d'un filtre à la fois poison et médicament. Cette espèce de potion, qui peut ou faire mourir ou sauver de la maladie, ce sont les *Moirai* qui la détiennent, les Moires, divinités féminines qui président à la répartition des destins. Ce sont elles qui présentent à Typhon une drogue, lui affirmant qu'elle procure l'immortalité. Elles lui promettent une puissance et une énergie décuplées et la victoire sur Zeus. Typhon avale le breuvage, mais, en fait de drogue d'immortalité, les déesses lui ont fait prendre ce qu'on appelle un « fruit éphémère », c'est-à-dire une plante destinée aux mortels. C'est la nourriture des humains, qui vivent au jour le jour et dont les forces s'usent. Les fruits éphémères sont la marque de la mortalité. Au lieu du nectar et de l'ambroisie, au lieu de la fumée des sacrifices que les hommes font monter vers les dieux, cette nourriture éphémère rend Typhon fragile, vulnérable, comme un humain. De même, les Géants connaissent la fatigue et la vulnérabilité, ils ne possèdent pas la vitalité constante et perpétuellement vivace des dieux.

On voit bien comment, dans toutes ces histoires, réside à l'arrière-plan l'idée d'un univers divin pourvu de privilèges propres. Le nectar et l'ambroisie sont la marque alimentaire des immortels. Zeus a accordé aux Cyclopes et aux Cent-bras la nourriture d'immortalité pour qu'ils deviennent des dieux à part entière et se tiennent à ses côtés. Au contraire, à tous les prétendants au pouvoir suprême, Zeus offre une nourriture éphémère, celle que mangent les êtres mortels et vulnérables. Lorsque, dans la lutte, la victoire semble incertaine, pour qu'elle bascule du côté des Olympiens, Zeus n'hésite pas à faire manger à ses adversaires ce qui les rend faibles comme des hommes.

Au tribunal de l'Olympe

Au terme de la victoire sur les Géants, on peut enfin dire que le règne de Zeus est véritablement assuré ; les dieux qui ont combattu à ses côtés disposent à tout jamais des privilèges dont ils ont été les bénéficiaires. A eux le ciel, un lieu qui ne connaît que la lumière, la pure lumière. Dans le bas du monde, c'est la nuit, les ténèbres, c'est le Tartare ou Hadès : les dieux y sont vaincus, les monstres maîtrisés, les Géants réduits à l'immobilité, liés ou endormis comme Cronos. Ils sont en quelque sorte hors jeu, hors cosmos. Le monde, outre les dieux, contient les animaux et les hommes. Ces créatures connaissent à la fois la nuit et le jour, le bien et le mal, la vie et la mort. Leur vie est tissée à la mort, comme les nourritures périssables qu'ils ingurgitent.

En observant le déroulement de cette histoire, on peut penser ceci : pour qu'existe un monde différencié, avec ses hiérarchies et son organisation, il a fallu un premier acte de rébellion, celui qu'a accompli Cronos quand il a châtré Ouranos. A ce moment-là, Ouranos a lancé une malédiction contre ses enfants, une imprécation qui les menaçait d'une faute à payer, d'une *tisis*. Ainsi, le cours du temps est un cours heurté, qui laisse place au mal et à la vengeance, aux Érinyes qui font expier les fautes, aux Kères. Ce sont les gouttes de sang tombées du membre châtré d'Ouranos qui ont engendré les forces de violence sur toute l'étendue du monde. Mais les choses sont plus compliquées, plus ambiguës. Entre les forces nocturnes qui investissent l'univers en raison du premier acte fondateur d'un cosmos organisé – la mutilation d'Ouranos – et les forces d'accord, il y a une sorte de lien. D'un côté, les Érinyes, les Géants et les Nymphes de la guerre et, de l'autre, Aphrodite.

Chaos a engendré Nuit et Nuit a donné naissance à toutes les forces du mal. Ces forces mauvaises, ce sont d'abord la mort, les Parques, les Kères, le meurtre, la tuerie, le carnage : ce sont aussi tous les maux : la Détresse, la Faim, la Fatigue, la Lutte, la Vieillesse. Parmi les malédictions qui pèsent sur l'univers, il faut compter *Apatè*, la Tromperie, et *Philotès*, l'Union amoureuse. C'est Nuit qui les a enfantées à côté de Meurtre et Tuerie. Toutes ces espèces de femmes noires se précipitent sur l'univers et, à la place d'un espace harmonieux, font du monde un lieu de terreurs, de crimes, de vengeances et de fausseté. Mais si nous nous tournons du côté de la descendance d'Aphrodite, nous retrouvons, à côté des puissances positives, des forces mauvaises. Il y a Éros et Himéros, Désir et Tendre amour – de ce côté, tout va bien –, mais aussi les menteries ou tromperies, *exapatai*, les pièges de séduction que recèlent les babils des jeunes filles et, de nouveau, la Tendresse amoureuse, Philotès.

Dans la mouvance des forces d'union, d'accord, de

douceur, que patronne Aphrodite, et dans la descendance d'une puissance nocturne engendrant tous les malheurs possibles, il y a des croisements, des recoupements, des duplications : parmi les enfants de Nuit figurent les propos séducteurs et l'union amoureuse, comme dans la suite d'Aphrodite les sourires charmants des jeunes filles voisinent avec les mensonges dans l'union amoureuse. L'homme dupé, berné, peut y trouver le malheur. Tout n'est donc pas blanc d'un côté, et noir de l'autre. Cet univers résulte perpétuellement d'un mélange des contraires.

En mobilisant la colère des puissances vengeresses, Nuit contribue à rétablir la clarté d'un ordre que les fautes avaient obscurci. De son côté, l'Aphrodite lumineuse, l'Aphrodite d'or, se double d'une Aphrodite noire, *Melainis*, d'une Aphrodite nocturne, ténébreuse, ourdissant ses ruses dans l'obscurité.

Zeus, dans la mise en ordre de l'univers, prend bien soin d'écarter du monde divin la nuit, l'obscurité, le conflit. Il crée un règne où, si les dieux se disputent, leur querelle ne peut déboucher sur un conflit ouvert. Il a chassé la guerre du territoire divin et l'a envoyée chez les hommes. Toutes les puissances mauvaises que Zeus a expulsées du monde olympien formeront le tissu quotidien de l'existence humaine. Il a demandé à Poséidon de construire une triple muraille d'airain pour que la porte du Tartare demeure fermée et que la Nuit et les puissances du mal ne puissent plus monter jusqu'au ciel. Certes, elles existent dans le monde, mais Zeus a pris ses précautions.

Si une querelle s'élève entre les dieux, qui pourrait dégénérer, les voici aussitôt tous conviés à un vaste festin. Est également convoquée Styx, qui accourt avec une aiguière d'or contenant l'eau du fleuve des Enfers. Les deux puissances divines qui sont entrées en conflit prennent cette aiguière, versent de l'eau à terre, font une libation, en boivent aussi, et jurent sous serment qu'elles ne sont pas responsables de la querelle, que leur cause est juste. Naturellement, l'une des deux puissances divines ment. Celle-là, à peine a-t-elle absorbé l'eau divine qu'elle tombe dans le coma, dans une espèce de léthargie totale. Elle se trouve dans un état analogue à celui des dieux qui ont été vaincus. Comme Typhon ou les Titans, elle n'a plus ni souffle, ni ardeur, ni vitalité. Elle n'est pas morte, puisque les dieux sont immortels, mais elle a perdu tout ce qui relève de son caractère divin, elle ne peut plus bouger, elle ne peut plus exercer son pouvoir, elle est hors jeu. Elle se trouve, d'une certaine façon, hors cosmos, enclose dans une léthargie qui l'écarte de l'existence divine. Elle demeure dans cet état un très long temps, que les Grecs appellent une grande année. Quand elle s'éveille de son coma, elle n'a toujours pas le droit de participer au banquet ni de boire le nectar et l'ambroisie. Cette puissance divine n'est ni mortelle ni franchement immortelle. Elle se trouve dans une situation semblable à celle des Titans, des Géants ou de Typhon. Elle est exclue.

Autrement dit, dans ce monde divin, multiple, divers, Zeus a prévu les dangers d'un conflit. Veillant au grain, il a institué non seulement un ordre politique mais aussi un ordre quasiment juridique, pour que, dès qu'une querelle s'élève, elle ne risque pas d'ébranler les colonnes du monde. Les divinités fautives sont expulsées de l'Olympe jusqu'à ce qu'elles aient purgé leur peine. Ensuite, elles se réveillent de leur léthargie, mais elles n'ont pas encore droit au nectar ni à l'ambroisie, elles doivent patienter pendant dix fois la durée de leur peine. C'est l'ordre chez les dieux, mais pas chez les hommes.

Un mal sans remède

Typhon est donc vaincu, anéanti par tout ce sous quoi Zeus l'a enseveli. Peut-être sa dépouille est-elle expédiée là où déjà les Titans sont bloqués, c'est-à-dire dans le Tartare, ce qui serait très normal puisque Typhon est le fils du Tartare. Peut-être aussi va-t-il rester gisant sous ces énormes blocs montagneux jetés sur lui, en particulier sous l'Etna. Typhon se trouve enserré dans les racines de l'Etna, ligoté sous le volcan qui, de temps en temps, laisse s'échapper des fumées, des laves bouillonnantes ou des flammes. Est-ce que ce sont des restes de la foudre de Zeus qui continuent à chauffer ? Ou une manifestation d'anomie que présente Typhon ? Si c'est bien lui qui se manifeste dans ces secousses de l'Etna, dans cette lave, depuis ces profondeurs d'où quelque chose de bouillonnant vient à la surface, cela prouverait que ce que figure Typhon, comme puissance de désordre, n'a pas radicalement disparu après sa défaite ni même après sa paralysie ou sa mort.

Une des versions de ce récit, qui vaut la peine d'être soulignée, c'est que de la dépouille de Typhon s'échappent vents et bourrasques, manifestations à la surface de la terre, et surtout de la mer, de ce que Typhon aurait représenté dans l'univers s'il avait été vainqueur. Si Typhon l'avait emporté sur Zeus, un mal sans remède, un mal absolu, aurait envahi l'univers. Maintenant qu'il est vaincu, mis hors jeu, quelque chose de lui demeure néanmoins, non plus chez les dieux, mais chez les pauvres humains. De Typhon surgissent à l'improviste, de façon imprévisible, des vents terribles, qui ne soufflent jamais dans une seule direction comme les autres vents. Le Notos, le Borée ou le Zéphyr sont des vents réguliers, liés à l'étoile du matin ou à l'étoile du soir. En ce sens, ils sont enfants des dieux. Ces vents indiquent aux marins les voies de la navigation, tracent comme d'immenses avenues aériennes sur la surface de la terre ou de la mer. Sur l'eau, qui est un espace infini, comme un Chaos liquide, les vents réguliers indiquent des directions assurées, grâce auxquelles les navigateurs trouvent leur salut. Ces vents soufflent non seulement toujours dans la même direction, mais ils sont aussi des vents saisonniers. Le Borée souffle à une certaine époque, le Zéphyr à une autre, de sorte que les navigateurs, quand ils doivent partir, savent quelle est la saison propice pour un voyage dans telle ou telle direction.

Entièrement opposés à ceux-là existent des vents qui sont des bourrasques, des coups de vent chargés de brouillards. Lorsqu'ils s'abattent sur la mer, on n'y voit plus rien. C'est tout d'un coup la nuit qui égare. Il n'y a plus de directions, plus de repères stables. Ces vents sont des tourbillons qui brouillent tout. Il n'y a plus ni ouest ni est, ni haut ni bas. Pris au milieu de cet espace marin chaotique, les navires sont perdus, noyés. Ces vents-là sont directement issus de Typhon, ils sont la marque que Typhon continue à imprimer sur l'univers, d'abord sur les routes maritimes mais aussi sur la terre ferme. En effet ces bourrasques, tout à fait incompréhensibles et imprévisibles, ne soufflent pas que sur l'eau. Il en est qui détruisent toutes les récoltes, font tomber les arbres, anéantissent le travail des humains. Les cultures et les récoltes, patiemment préparées et accumulées, sont réduites à néant : Typhon est véritablement un mal sans remède.

On voit donc que la victoire de Zeus ne met pas radicalement fin à ce que manifeste Typhon comme puissance chaotique dans le cosmos. Les Olympiens l'ont écarté de leur sphère divine, mais l'ont expédié chez les hommes, où il rejoint la discorde, la guerre et la mort. Si les dieux ont expulsé de leur domaine tout ce qui appartient au monde du primordial et du désordre, ils ne l'ont pas annihilé, mais seulement éloigné d'eux. C'est maintenant chez les hommes que Typhon sévit avec une violence brute, qui les laisse entièrement démunis. Il est un mal sans remède contre lequel, pour reprendre la formule des Grecs, il n'y a aucun recours.

L'âge d'or : hommes et dieux

Zeus occupe le trône de l'univers. Le monde est désormais ordonné. Les dieux se sont battus, certains d'entre eux ont triomphé. Tout ce qu'il y avait de mauvais dans le ciel éthéré a été chassé, soit bouclé dans le Tartare, soit expédié sur terre, chez les mortels. Et les hommes, que leur arrive-t-il, que sont-ils ?

L'histoire commence non pas tout à fait à l'origine du monde, mais au moment où Zeus est déjà roi, c'est-à-dire en ce temps où le monde divin s'est stabilisé. Les dieux ne vivent pas uniquement sur l'Olympe, ils partagent avec les humains des morceaux de terre. En particulier, il est un endroit en Grèce, près de Corinthe, une plaine, à Mékoné, où dieux et hommes vivent ensemble, mêlés. Ils participent aux mêmes repas, ils s'assoient aux mêmes tables, ils festoient ensemble. Ce qui signifie que, chez les hommes et les dieux mélangés, chaque jour est un jour de fête, un jour de bonheur. On mange, on boit, on se réjouit, on écoute les Muses chanter la gloire de Zeus, les aventures des dieux. Bref, tout est pour le mieux.

La plaine de Mékoné est une terre de richesse et d'abondance. Tout y pousse spontanément. Suivant le proverbe, il suffit d'avoir un lopin de terre dans ce val pour que la richesse survienne, puisqu'il n'est pas soumis aux aléas du mauvais temps ni des saisons. Age d'or, quand les dieux et les hommes n'étaient pas encore séparés, âge d'or qu'on appelle aussi parfois le temps de Cronos, temps antérieur au moment où la lutte se déclenche entre Cronos, avec les Titans, et Zeus, avec les Olympiens, où le monde divin n'est pas encore livré à la violence brutale. C'est la paix, un temps d'avant le temps. Et les hommes y ont leur place. Comment vivent-ils ? Non seulement, comme on le voit, en s'attablant au même festin que les dieux, mais aussi sans connaître aucun des maux qui accablent aujourd'hui la race des mortels, des éphémères, de ceux qui vivent au jour le jour sans savoir ce que sera demain, ni éprouver de vraie continuité avec ce qui s'est passé hier, qui n'arrêtent pas de changer, naissent, grandissent, deviennent forts, s'affaiblissent, meurent.

Dans ce temps-là, les hommes demeuraient jeunes, les bras et les jambes toujours semblables à ce qu'ils étaient depuis le début. Pour eux, pas de naissance au sens propre. Peut-être surgissaient-ils de Terre. Peut-être Gaïa, Terre mère, les avait-elle enfantés, comme elle avait enfanté aussi les dieux. Peut-être, plus simplement, sans que soit posée la question de leur origine, ils étaient là, mêlés aux dieux, comme les dieux. En ce temps-là donc, toujours jeunes, les hommes ne connaissaient pas la naissance, ni la mort. Ils n'étaient pas soumis au temps qui use les forces, qui fait vieillir. Au bout de centaines, peut-être même de myriades d'années, toujours semblables à ce qu'ils étaient dans la fleur de l'âge, ils s'endormaient, ils disparaissaient comme ils étaient apparus. Ils n'étaient plus là, mais ce n'était pas vraiment la mort. Il n'y avait pas plus alors de travail, ni de maladie, ni de souffrance. Les hommes n'avaient pas à travailler la terre : à Mékoné, toutes les nourritures, tous les biens étaient à leur disposition. La vie ressemble à ce que certains récits racontent des Éthiopiens : une table du soleil attend ceux-ci chaque matin, où ils trouvent le boire et le manger, tout servis. Non seulement les nourritures, les viandes sont là, toujours prêtes, les blés poussent sans être cultivés, mais de plus les mets se présentent déjà cuits. La nature offre spontanément, naturellement, tous les biens de la vie domestique la plus raffinée, la plus civilisée. C'est ainsi que vivent les hommes en ces temps lointains. Ils connaissent le bonheur.

Les femmes n'ont pas encore été créées. Il y a du féminin, il y a des déesses, mais pas de femmes mortelles. Les humains sont uniquement mâles : pas plus qu'ils ne connaissent les maladies, la vieillesse, la mort et le travail, ils ne connaissent l'union avec les femmes. Dès lors qu'un homme, pour avoir un enfant, doit s'unir à une femme qui lui est tout à la fois semblable et différente, la naissance et la mort deviennent le lot de l'humanité. La naissance et la mort forment deux stades d'une existence. Pour qu'il n'y ait pas de mort, il ne faut pas non plus de naissance.

A Mékoné, les dieux et les hommes vivent ensemble, ils sont réunis, mais le moment est venu de la séparation. Celle-ci a lieu après que les dieux ont fait entre eux leur grande répartition. C'est dans la violence qu'ils ont d'abord réglé la question des honneurs et des privilèges réservés à chacun. Entre les Titans et les Olympiens, le partage a été le résultat d'une lutte où la force et la domination brutale ont primé. Une fois la première distribution terminée, les Olympiens ont envoyé les Titans dans le Tartare, bouclé sur eux les portes de cette prison souterraine et nocturne, puis ils se sont installés ensemble tout en haut du ciel. Il a fallu régler les problèmes entre eux. Zeus est chargé d'opérer la répartition des pouvoirs, non plus en l'imposant par la violence brutale mais grâce à un accord consensuel entre tous les Olympiens. Entre les dieux, la répartition se fait au terme soit d'un conflit ouvert, soit d'un accord, sinon entre égaux, du moins entre alliés et parents, solidaires d'une même cause, participant au même combat.

Le monde des humains

Prométhée le roublard

Comment répartir les places entre les dieux et les hommes ? L'usage de la violence brutale n'est plus pensable ici. Les humains sont trop faibles, il suffirait d'une pichenette pour les réduire à rien. Les immortels ne peuvent pas non plus se mettre d'accord avec les mortels, comme on le ferait avec des pairs. S'impose alors une solution qui ne résulte ni du surcroît de force ni d'une entente entre égaux. Pour réaliser une telle procédure, nécessairement bâtarde, biaisée, Zeus fait appel à un personnage qui s'appelle Prométhée. Lui aussi est en rapport avec la manière bizarre qu'on va employer pour départager les dieux et les hommes, pour régler entre eux la compétition. Pourquoi Prométhée est-il le personnage de la situation ? Parce que, dans le monde des dieux, il a un statut ambigu, mal défini, paradoxal. On l'appelle Titan. Il est en réalité le fils de Japet, qui est le frère de Cronos. C'est donc son père qui est un Titan. Prométhée n'en est pas vraiment un lui-même, mais sans être non plus un Olympien parce qu'il n'appartient pas à la même lignée. Il a une nature titanesque, comme son frère Atlas qui sera lui aussi puni par Zeus.

Prométhée possède un esprit de rébellion, malin et indiscipliné, il est toujours prompt à critiquer. Pourquoi Zeus le charge-t-il de régler cette affaire ? Parce que, Titan sans l'être tout à fait, Prométhée n'a pas combattu avec les Titans contre Zeus. Il a adopté une position de neutralité, n'a pas pris part au combat. On dit même, dans beaucoup de traditions, que Prométhée a aidé Zeus et que, sans les conseils qu'il lui a prodigués – parce que c'est un roublard, un malin –, celui-ci ne s'en serait pas sorti. En ce sens, il est un allié de Zeus. Un allié mais pas un rallié : il n'est pas dans le camp de Zeus, il est autonome, à son compte.

Zeus et Prométhée partagent plusieurs traits communs sur le plan de l'intelligence et de l'esprit. Tous deux se définissent par un esprit subtil, retors, par cette qualité qu'Athéna va représenter chez les dieux et qu'Ulysse incarne chez les hommes, la roublardise. Le roublard parvient à se tirer d'affaire dans les cas où la situation paraît complètement désespérée, à trouver une issue là où tout est bouché, et, pour réaliser ses desseins, il n'hésite pas à mentir, à préparer des chausse-trappes pour y piéger l'adversaire, et utilise toutes les malices imaginables. Zeus est ainsi et Prométhée également. Ils ont cette qualité en commun. En même temps, il y a une distance infinie entre eux. Zeus est un roi, un souverain qui concentre toute la puissance entre ses mains. Sur ce plan, Prométhée n'est pas du tout en rivalité avec Zeus. Les Titans étaient les rivaux des Olympiens, et Cronos le rival de Zeus, voulant rester le souverain, quand Zeus entendait le devenir à sa place. Jamais Prométhée ne pense à être roi, il n'est à aucun moment en compétition sur ce plan avec Zeus. Le monde que Zeus a créé, ce monde de la répartition, ce monde hiérarchique, ordonné suivant des étages, des différences de statut et d'honneur, Prométhée y appartient, mais il y occupe une place assez difficile à définir. D'autant plus complexe que Zeus le condamnera, le fera enchaîner avant de le libérer et de se réconcilier avec lui, ce qui marque dans son destin personnel un balancement d'aller et retour entre l'hostilité et la concorde. En deux mots, on pourrait dire que Prométhée exprime dans cet univers ordonné la contestation interne. Il ne veut pas prendre la place de Zeus, mais, dans l'ordre que celui-ci a institué, il est cette petite voix de la contestation, comme un Mai 68 sur l'Olympe, à l'intérieur du monde divin.

Prométhée est dans un rapport de complicité, de conaturalité avec les hommes. Son statut est proche de celui des humains, parce que ceux-ci sont aussi des créatures ambiguës, qui détiennent un aspect de divinité – ils partageaient, au début, leur existence avec les dieux – et en même temps un aspect d'animalité, de bestialité. Il y a donc aussi chez les hommes, comme chez Prométhée, des aspects contradictoires.

Une partie d'échecs

Voyons la scène. Les dieux et les hommes sont rassemblés comme à l'ordinaire. Zeus est là aux premières loges et il charge Prométhée de faire la répartition. Comment celui-ci va-t-il procéder ? Il amène un grand bovidé, un taureau superbe, qu'il abat puis découpe. De cet animal, il fait deux parts et pas trois. Chacune de ces portions, telle qu'elle a été préparée par Prométhée, va exprimer la différence de statut entre dieux et hommes. C'est-à-dire que, sur la frontière de la découpe, va se dessiner celle qui sépare les hommes des dieux.

Comment Prométhée agit-il ? Comme on le fait dans le sacrifice ordinaire grec : la bête est abattue, la peau enlevée, puis commence la découpe. En particulier, une première opération consiste à dénuder entièrement les os longs, les os des membres antérieurs et postérieurs, les *ostea leuka*, que l'on découpe pour qu'il n'y ait plus de viande dessus. Une fois ce travail accompli, Prométhée rassemble tous les os blancs de la bête. Il en fait une part et enveloppe cette portion d'une mince couche de blanche graisse appétissante. Voilà le premier paquet constitué. Ensuite, il prépare un second paquet. Dans celui-ci, Prométhée place tous les *krea*, les chairs, tout ce qui se mange. Cette chair comestible de l'animal est enveloppée dans la peau de la bête. Ce paquet, avec la peau qui englobe toute la nourriture mangeable de la bête, est placé à son tour dans la *gaster* de l'animal, dans l'estomac, la panse visqueuse, laide, déplaisante à voir du bœuf.

Ainsi se présente cette répartition : d'une part, de la blanche graisse appétissante entourant seulement des os blancs, nus, et, d'autre part, une panse peu ragoûtante avec à l'intérieur tout ce qui est bon à manger. Prométhée présente ces deux parts sur la table devant Zeus. Suivant le choix de ce dernier se dessinera la frontière entre les hommes et les dieux. Zeus regarde ces parts et dit : « Ah ! Prométhée, toi qui es si malin, si fourbe, tu as fait un partage bien inégal. » Prométhée le regarde avec un petit sourire. Zeus, bien sûr, a vu d'avance la ruse, mais il accepte les règles du jeu.

On lui propose de choisir le premier, ce qu'il accepte. Avec un air tout à fait satisfait, il prend donc la part la plus belle, le paquet de blanche graisse appétissante. Tout le monde le regarde, il défait le paquet et découvre les os blancs complètement dénudés. Zeus pique alors une rage épouvantable contre celui qui a voulu le duper.

Voilà achevé le premier acte de cette histoire qui en comporte au moins trois. Au terme de ce premier épisode du récit se trouve fixée la façon dont les hommes entrent en rapport avec les dieux, par le sacrifice, comme celui que Prométhée a accompli en débitant la bête. Sur l'autel, en dehors du temple, brûlent des aromates, qui dégagent une fumée odorante, puis on y dépose les os blancs. La part des dieux, ce sont les os blancs, enduits de graisse brillante, qui montent vers les cieux sous forme de fumée. Les hommes, eux, reçoivent le reste de la bête, qu'ils vont consommer soit grillé, soit bouilli. Sur de longues aiguilles de fer ou d'airain, ils enfilent des morceaux de viande, le foie notamment, et d'autres parties intéressantes qu'ils font griller directement sur le feu. D'autres morceaux encore sont mis dans de grandes marmites à bouillir. Rôtir certaines pièces, en bouillir d'autres : les hommes dorénavant doivent manger la viande des animaux sacrifiés et envoient vers les dieux leur part, c'est-à-dire la fumée odorante.

Cette histoire est étonnante puisqu'elle semble indiquer que Prométhée a pu duper Zeus, en donnant aux hommes la bonne part du sacrifice. Prométhée offre aux hommes la part mangeable, camouflée, cachée sous une apparence immangeable, répugnante, et, aux dieux, la part non comestible, enveloppée, cachée, dissimulée sous l'apparence d'une graisse appétissante et lumineuse. Dans sa répartition, il opère de façon mensongère puisque l'apparence est un faux-semblant. Le bon se dissimule sous le laid et le mauvais emprunte l'aspect du beau. Mais a-t-il réellement donné aux hommes la meilleure part ? Là encore, tout est ambigu. Certes, les hommes reçoivent la partie comestible de la bête sacrifiée, mais c'est que les mortels ont besoin de manger. Leur condition s'oppose à celle des dieux, ils ne peuvent vivre sans se nourrir continuellement. Les hommes ne sont pas autosuffisants, il leur faut puiser des ressources d'énergie dans le monde environnant, sans quoi ils dépérissent. Ce qui définit les humains, c'est qu'ils mangent le pain et la viande des sacrifices, et qu'ils boivent le vin de la vigne. Les dieux n'ont pas besoin de manger. Ils ne connaissent ni le pain, ni le vin, ni la chair des bêtes sacrifiées. Ils vivent sans se nourrir, n'absorbent que de pseudo-nourritures, le nectar et l'ambroisie, des nourritures d'immortalité. La vitalité des dieux est donc d'une autre nature que celle des hommes. Celle-ci est une sous-vitalité, une sous-existence, une sous-force : une énergie à éclipse. Il faut perpétuellement l'entretenir. A peine un être humain a-t-il fourni un effort qu'il se sent fatigué, épuisé, affamé. Autrement dit, dans la répartition opérée par Prométhée, la part la meilleure est bien celle qui, sous l'apparence la plus appétissante, cache les os dénudés. En effet, les os blancs représentent ce que l'animal ou l'être humain possède de véritablement précieux, de non mortel ; les os sont imputrescibles, ils forment l'architecture du corps. La chair se défait, se décompose, mais le squelette représente l'élément de constance. Ce qui n'est pas mangeable dans la bête, c'est ce qui n'est pas mortel, l'immuable, ce qui, par conséquent, s'approche le plus du divin. Aux yeux de ceux qui ont pensé ces histoires, les os sont d'autant plus importants qu'ils contiennent la moelle, ce liquide qui, pour les Grecs, est en relation avec le cerveau et aussi avec la semence masculine. La moelle figure la vitalité d'un animal dans sa continuité, à travers les générations, elle assure la fécondité et la descendance. Elle est le signe qu'on n'est pas un individu isolé mais porteur d'enfants.

Ce qui est finalement offert aux dieux à travers la mascarade qu'invente Prométhée, c'est la vitalité de la bête, alors que ce que reçoivent les hommes, la viande, ce n'est que de la bête morte. Les hommes doivent se repaître d'un morceau de bête morte ; le caractère de mortalité qui les marque par ce partage est décisif. Les humains sont dorénavant les mortels, les éphémères, contrairement aux dieux, qui sont les non-mortels. Par cette répartition de la nourriture, les humains sont donc marqués du sceau de la mortalité, alors que les dieux le sont du sceau de la pérennité. Ce qu'a très bien vu Zeus.

Si Prométhée avait fait simplement deux parts, avec d'un côté les os et de l'autre la viande, alors Zeus aurait pu choisir les os et la vie de la bête. Mais, comme tout était faussé par les apparences trompeuses, comme la viande était cachée dans la *gaster*, dans la panse, et que les os étaient dissimulés sous la graisse lumineuse, Zeus a vu que Prométhée voulait le tromper. Il décide donc de le châtier. Naturellement, dans ce conflit de ruses qui s'institue entre Zeus et le Titan, chacun essaie de berner l'autre, chacun joue contre l'autre comme une partie d'échecs, des coups fourrés pour désarçonner l'adversaire, le mettre échec et mat. Dans ce conflit, Zeus l'emporte finalement, néanmoins il est déséquilibré par les astuces du Titan.

Un feu mortel

C'est au cours du deuxième acte que Prométhée va payer sa fraude. Zeus décide, à partir de ce jour, de cacher aux hommes le feu en même temps que le blé. Comme dans un jeu d'échecs, chaque coup répond à l'autre : Prométhée avait caché la viande dans ce qui était répugnant et les os dans ce qui paraissait au contraire plaisant, Zeus, à présent, va se venger. Dans le cadre du partage entre les dieux et les humains, Zeus veut soustraire aux hommes ce qui était auparavant à leur disposition. Avant, les hommes disposaient librement du feu parce que le feu de Zeus, le feu de la foudre, se trouvait en haut de certains arbres, les frênes, où les hommes n'avaient qu'à le prendre. Le même feu circulait entre les dieux et les hommes par l'intermédiaire de ces grands arbres sur lesquels Zeus le déposait. Ainsi, les hommes disposaient du feu comme ils disposaient des nourritures, les céréales, qui poussaient toutes seules ou les viandes déjà cuites au moment où elles apparaissaient. Zeus cache le feu, situation d'autant plus désagréable que, comme les hommes disposent de la viande de l'animal sacrifié, ils voudraient pouvoir la faire cuire. Les mortels ne sont pas des cannibales, ni des bêtes sauvages qui mangent la chair toute crue. Ils ne peuvent manger la viande que si elle est cuisinée, bouillie ou rôtie.

Rester sans feu, c'est une catastrophe pour les hommes. Zeus se réjouit dans son cœur. Prométhée trouve alors une parade. L'air de rien, il monte au ciel, comme un voyageur qui se promène avec une plante à la main, une branche de fenouil, bien verte à l'extérieur. Le fenouil possède une disposition particulière, sa structure présente, d'une certaine façon, le contraire de celle des autres arbres. En effet, les arbres sont secs au-dehors, du côté de l'écorce, et humides à l'intérieur, où circule la sève. A l'inverse, le fenouil est humide et vert à l'extérieur mais complètement sec à l'intérieur. Prométhée s'empare d'une semence du feu de Zeus, *sperma puros*, et la glisse à l'intérieur de son fenouil. Celui-ci commence à brûler au-dedans tout le long de sa tige. Prométhée redescend sur terre, toujours à la manière d'un voyageur désintéressé qui se promène sous l'ombrelle de son fenouil. Mais, à l'intérieur de la plante, le feu grille. Ce feu, tiré d'une semence du feu céleste, Prométhée le donne aux hommes. Alors ils allument leurs foyers et cuisent la viande. Zeus, étendu en haut du ciel, tout content du coup qu'il a fait en cachant le feu, en voit soudain briller l'éclat dans toutes les maisons. Il est saisi de fureur. On remarque ici que Prométhée utilise la même procédure que celle dont il s'est déjà servi pour la répartition du sacrifice. Il joue à nouveau sur l'opposition entre le dedans et le dehors, sur la différence entre l'apparence extérieure et la réalité intérieure.

En même temps que le feu, Zeus avait caché aux hommes *bios*, la vie. La vie, c'est-à-dire la nourriture de vie, les céréales, le blé, l'orge. Il ne donne plus le feu, il ne donne plus non plus les céréales. Au temps de Cronos, dans le monde de Mékoné, le feu était à la disposition des hommes sur les frênes, les céréales poussaient toutes seules, il n'était pas nécessaire de labourer la terre. Le travail n'existait pas, il n'y avait pas de labeur. L'homme ne devait pas participer activement à la récolte de sa nourriture. Il n'était soumis ni à l'effort, ni à la fatigue, ni à l'épuisement, pour acquérir les nourritures dont précisément sa vitalité avait besoin. A présent, par le choix de Zeus, ce qui était spontané devient laborieux, difficile. Le blé est caché.

De la même façon que Prométhée a dû dissimuler une semence de feu dans sa férule pour la transporter jusque chez les hommes, ainsi il va falloir désormais aux pauvres humains cacher la semence du blé et les grains d'orge dans le ventre de la terre. Au creux de la terre, il faut tracer un sillon, enfouir la semence, pour que germe l'épi. Bref, ce qui devient tout d'un coup nécessaire, c'est l'agriculture. Il s'agira de gagner le pain à la sueur de son front, en transpirant sur les sillons, en y jetant les semences. Mais il faudra aussi veiller à garder de la semence d'une année à l'autre, à ne pas manger tout ce qu'on a produit. Des jarres seront nécessaires pour stocker dans la maison de l'agriculteur les récoltes qu'il ne faudra pas complètement consommer. Une réserve deviendra indispensable pour qu'au printemps, à la jointure difficile de l'hiver et de la nouvelle récolte, les hommes ne se retrouvent pas démunis.

Comme il y avait le *sperma* du feu, il y a le *sperma* du blé. Les hommes sont obligés désormais de vivre en travaillant. Ils retrouvent un feu, mais c'est un feu qui, comme le blé, n'est plus ce qu'il était autrefois. Le feu que Zeus a caché, c'est le feu céleste, celui qu'il a dans la main en permanence, c'est un feu qui ne faiblit jamais, qui jamais ne fait défaut : un feu immortel. Le feu dont disposent maintenant les hommes, à partir de cette semence de feu, c'est un feu qui est « né », puisqu'il est issu d'une semence, et, par conséquent, c'est un feu qui meurt. Il va falloir le conserver, veiller sur lui. Or ce feu possède un appétit semblable à celui des mortels. S'il n'est pas continûment nourri, il s'éteint. Les hommes ont besoin de lui, non seulement pour se chauffer, mais pour manger. Contrairement aux animaux, ils ne dévorent pas la chair crue, ils font la cuisine. Celle-ci suit un rituel, elle a des règles auxquelles il faut se conformer et qui impliquent que les nourritures soient cuites.

Pour les Grecs, le blé est une plante cuite par l'ardeur du soleil, mais aussi par le travail des hommes. Ensuite, il faut le cuisiner chez le boulanger, en le mettant dans le four. Le feu est donc vraiment la marque de la culture humaine. Ce feu prométhéen, dérobé par ruse, est bien un feu « technique », une procédure intellectuelle, qui démarque les hommes des bêtes et consacre leur caractère de créatures civilisées. Et pourtant, dans la mesure où ce feu humain, contrairement au feu divin, a besoin de s'alimenter pour vivre, il revêt aussi l'aspect d'une bête sauvage qui, quand elle se déchaîne, ne peut plus s'arrêter. Il grille tout, non seulement la nourriture qu'on lui donne, mais également les maisons, les villes, les forêts ; il est une espèce de bête ardente, affamée et que rien ne rassasie. Avec son caractère extraordinairement ambigu, le feu souligne la spécificité de l'homme, il rappelle sans cesse à la fois son origine divine et sa marque bestiale, il tient aux deux comme l'homme lui-même.

Pandora ou l'invention de la femme

A présent, on pourrait croire que l'histoire est achevée. Mais il n'en est rien. Le troisième acte commence. Certes, les hommes ont la civilisation, Prométhée leur a livré toutes les techniques. Avant son intervention, ils vivaient comme des fourmis dans des grottes, ils regardaient sans voir, ils écoutaient sans entendre, ils n'étaient rien et puis, grâce à lui, ils sont devenus des êtres civilisés, différents des animaux et différents des dieux. Mais la lutte de ruse entre Zeus et Prométhée n'est pas terminée. Zeus a caché le feu, Prométhée le lui a volé ; Zeus a caché le blé, les hommes travaillent pour gagner leur pain. Mais Zeus n'est pas encore satisfait, il trouve que l'échec de son adversaire n'est pas total. En éclatant de rire, comme il aime à le faire, Zeus lui réserve une nouvelle déconvenue. Troisième acte.

Zeus convoque Héphaïstos, Athéna, Aphrodite et des divinités mineures, comme les Heures, les *Horai*. Il ordonne à Héphaïstos de mouiller de la glaise avec de l'eau et de modeler une sorte de mannequin en figure de *parthénos*, en figure de femme, ou plus exactement de jeune fille, de femme prête au mariage, mais pas encore mariée, et surtout n'ayant pas encore eu d'enfant. Alors Héphaïstos se met à modeler une espèce de mannequin, de statue, aux traits gracieux de belle vierge. C'est alors au tour d'Hermès d'animer celle-ci, et de lui conférer la force et la voix d'un être humain, ainsi que d'autres particularités dont il sera question plus loin dans le récit. Zeus demande ensuite à Athéna et à Aphrodite de la vêtir, de prolonger sa

78

beauté par l'éclat des parures associées au corps féminin, les ornements, les bijoux, les soutiens gorge, les couronnes. Athéna lui donne une vêture superbe, brillante, lumineuse comme la blanche graisse qui entourait les os dans la première séquence de ce récit. La jeune vierge brille de tous ses feux. Héphaïstos pose sur sa tête un diadème d'où s'échappe un voile de mariée. Ce diadème est orné d'un décor animal où sont représentées toutes les bêtes qui peuplent le monde, les oiseaux, les poissons, les tigres, les lions. Le front de la jeune fille rayonne de la vitalité de tous les animaux. Elle est splendide à voir, *thauma idesthai*, une merveille qui vous laisse transi de stupeur et totalement enamouré.

La première femme se tient là, devant les dieux et les hommes encore rassemblés. C'est un mannequin fabriqué, mais pas à l'image d'une femme puisqu'il n'y en a pas. Elle est la première femme, l'archétype de la femme. Le féminin existait déjà puisqu'il y avait les déesses. Cet être féminin est modelé comme une *parthénos*, à l'image des déesses immortelles. Les dieux créent un être fait de terre et d'eau, dans lequel sont mis la force d'un homme, *sthenos*, la voix d'un être humain, *phônè*. Mais Hermès place aussi dans sa bouche des mots menteurs, la dote d'un esprit de chienne et d'un tempérament de voleur. Ce mannequin, qui est la première femme, d'où est issue toute la « race des femmes », se présente, comme les parts du sacrifice ou le fenouil, avec un extérieur trompeur. On ne peut la contempler sans être ravi, médusé. Elle possède la beauté des déesses immortelles, son apparence est divine. Hésiode dit bien cela, on est ébloui. Sa beauté, rehaussée par les bijoux, le diadème, la robe et le voile, est un ravissement. D'elle rayonne la *charis*, un charme infini, un éclat qui submerge et dompte celui qui la voit. Sa *charis* est infinie, multiple, *pollè charis*. Hommes et dieux tombent sous son charme. Mais à l'intérieur se cache autre chose. Sa voix va lui permettre de devenir la compagne de l'homme, d'être son double humain. Ils vont converser ensemble. Mais la parole est donnée à cette femme, non pour dire le vrai et exprimer ses sentiments, mais pour dire le faux et camoufler ses émotions.

Dans la descendance de Nuit étaient nés tous les maux, la mort, les tueries, les Érinyes, bien sûr, mais aussi des entités qu'on pourrait traduire par « mots menteurs ou séducteurs », « union ou tendresse amoureuse ». Or Aphrodite, dès sa naissance, est également accompagnée des mots menteurs et de l'attirance amoureuse. Le plus nocturne et le plus lumineux, ce qui rayonne de bonheur et la plus sombre lutte se rejoignent sous la forme de ces menteries, de cette séduction amoureuse. Voici donc Pandora, lumineuse à la manière d'Aphrodite, et semblable à une enfant de Nuit, faite de mensonges et de coquetterie. Zeus crée cette *parthénos* non pour les dieux mais pour les seuls mortels. De même qu'il s'était débarrassé de la querelle et de la violence en les envoyant chez les mortels, Zeus leur destine cette figure féminine.

Prométhée se voit à nouveau vaincu. Il comprend tout de suite ce qui pend au nez du pauvre genre humain qu'il a essayé de favoriser. Comme son nom l'indique, Pro-méthée, c'est celui qui comprend d'avance, celui qui prévoit, alors que son frère, qui se nomme Épi-méthée, c'est celui qui comprend après, *épi*, trop tard, celui qui est toujours possédé et déçu, qui n'a rien vu venir. Nous autres, pauvres malheureux mortels, nous sommes toujours à la fois prométhéens et épiméthéens, nous prévoyons, nous dressons des plans et, bien souvent, le cours des choses est contraire à nos attentes, il nous surprend et nous laisse sans défense. Or donc, Prométhée comprend ce qui va se passer et prévient son frère, en lui disant : « Écoute-moi, Épiméthée, si jamais les dieux t'envoient un cadeau, surtout ne l'accepte pas, et renvoie-le d'où il est venu. » Épiméthée jure bien sûr qu'on ne l'y prendra pas. Mais voici que les dieux assemblés lui envoient la plus charmante personne qui soit. Voici devant lui Pandora, le cadeau des dieux aux humains. Elle frappe à sa porte, Épiméthée, émerveillé, ébloui, lui ouvre la porte et la fait rentrer dans sa demeure. Le lendemain, il est marié et Pandora est installée en épouse chez les humains. Ainsi commencent tous leurs malheurs.

Maintenant l'humanité est double, elle n'est plus uniquement constituée du genre masculin. Elle est composée de deux sexes différents, tous deux néces-saires à la descendance humaine. A partir du moment où la femme est produite par les dieux, les hommes ne sont plus là d'emblée, ils naissent des femmes. Pour se reproduire, les mortels doivent s'accoupler. Ce qui déclenche un mouvement dans le temps qui est différent.

Pourquoi, selon les récits grecs, Pandora, la première femme, a-t-elle un cœur de chienne et un tempérament de voleur ? Ce n'est pas sans lien avec les deux pre-mières parties de ce récit. Les hommes ne disposent plus du blé et du feu comme ils le faisaient auparavant, tout naturellement, sans effort et en permanence.

Le labeur fait dorénavant partie de l'existence ; les hommes mènent une vie difficile, étriquée, précaire. Ils doivent sans cesse se restreindre. Le paysan sur son champ s'échine et ne récolte pas grand-chose. Les hommes ne disposent jamais d'aucun bien en suffisance ; il leur faut donc être économes, prudents pour ne pas dépenser plus que nécessaire. Or, cette Pandora, comme tout le *gênos*, toute la « race », des femmes féminines qui en est issue, a justement comme caractéristique d'être toujours insatisfaite, revendicatrice, incontinente. Elle ne se satisfait pas du peu qui existe. Elle veut être rassasiée, comblée. C'est ce qu'exprime le récit en précisant qu'Hermès a mis en elle un esprit de chienne. Sa chiennerie est de deux ordres. C'est d'abord une chiennerie alimentaire. Pandora a un appétit féroce, elle n'arrête pas de manger, elle doit toujours être à table. Peut-être a-t-elle un vague souvenir ou le rêve de cette époque bénie de l'âge d'or, à Mékoné, où, en effet, les humains étaient toujours à table sans avoir rien à faire. Dans chaque foyer où se trouve une femme, c'est une faim insatiable qui s'installe, une faim dévorante. En ce sens, la situation est semblable à ce qui se passe dans les ruches. D'une part il y a des abeilles laborieuses qui, dès le matin, s'envolent dans les champs, se posent sur toutes les fleurs et récoltent du miel qu'elles ramènent dans leur ruche. D'autre part, il y a les frelons qui ne quittent jamais le logis et qui, eux aussi, ne sont jamais rassasiés. Ils consomment tout le miel que les travailleuses ont patiemment récolté au-dehors. De même pour les maisons des humains, d'un côté, il y a les hommes qui transpirent sur les champs, s'échinent pour creuser les sillons, pour surveiller puis ramasser le grain, et, de l'autre côté, à l'intérieur des maisons, se trouvent les femmes qui, comme les frelons, avalent la récolte.

Non seulement elles avalent et épuisent toutes les réserves, mais c'est la raison principale pour laquelle une femme cherche à séduire un homme. Ce que veut la femme, c'est la grange. Avec l'habileté de ses propos séducteurs, de son esprit menteur, de ses sourires et de sa « croupe attifée », comme l'écrit Hésiode, elle joue au jeune célibataire le grand air de la séduction, parce que en réalité elle lorgne vers la réserve de blé. Et chaque homme, comme Épiméthée avant lui, tout ébaubi, émerveillé par ses apparences, se laisse capter.

Non seulement les femmes ont cet appétit alimentaire qui ruine la santé de leur mari, parce qu'il ne ramène jamais assez de nourriture à la maison, mais de plus elles ont également un appétit sexuel particulièrement dévorant. Clytemnestre, ou d'autres épouses bien connues pour avoir trompé leur mari, ne manquent pas de dire qu'elles ont été la chienne qui veille sur la maison. Bien entendu, ce tempérament de chienne est à entendre dans son sens sexuel.

Les femmes, même les meilleures, celles qui possèdent un caractère mesuré, ont ceci de particulier, racontent les Grecs, qu'ayant été fabriquées avec de la glaise et de l'eau leur tempérament appartient à l'univers humide. Alors que les hommes ont un tempérament qui est plutôt apparenté au sec, au chaud, au feu.

En certaines saisons, en particulier dans cette saison qu'on appelle la canicule, la saison du chien, c'est-à-dire quand Sirius, le Chien, est visible dans le ciel, tout près de la terre, quand le soleil et la terre sont en conjonction, alors qu'il fait atrocement chaud, les hommes, secs comme ils sont, s'épuisent, affaiblis. Les femmes, au contraire, grâce à leur humidité, s'épanouissent. Elles exigent de leur époux une assiduité matrimoniale qui le met sur le flanc.

Si Prométhée a ourdi une ruse qui consistait à voler le feu de Zeus, il s'attire une réplique incarnée par la femme, synonyme de feu voleur, que Zeus a créée pour tracasser les hommes. En effet, la femme, l'épouse, est un feu qui brûle son mari continûment, jour après jour, qui le dessèche et le rend vieux avant l'âge. Pandora est un feu que Zeus a introduit dans les maisons et qui brûle les hommes sans qu'il soit besoin d'allumer une flamme quelconque. Feu voleur répondant au feu qui a été volé. Dans ces conditions, que faire ? Si vraiment la femme n'était que cet esprit de chienne, cette menteuse qui regarde du côté de la grange, avec sa « croupe attifée », et qui fait crever de vieillesse les maris, ceux-ci auraient sans doute cherché à se passer d'épouses. Mais ici aussi s'opposent le dedans et le dehors. La femme, par son appétit animal, alimentaire et sexuel, est une *gaster*, une panse, un ventre. Elle représente en quelque sorte l'animalité de l'espèce humaine, sa part de bestialité. En tant que *gaster*, elle engouffre toutes les richesses de son mari. Quand Prométhée a entouré la part de nourriture qu'il a réservée aux hommes dans la *gaster* du bœuf, il ne croyait pas si bien faire. Là encore, il est pris à ses propres ruses. Le dilemme est désormais le suivant : si un homme se marie, sa vie sera à peu près sûrement un enfer, à moins de tomber sur une très bonne épouse, ce qui est fort rare. La vie conjugale est donc un enfer, les maux s'y ajoutent aux maux. Par contre, si un homme ne se marie pas, il pourrait avoir une vie heureuse, il aurait tout à satiété, il ne manquerait jamais de rien, mais au moment de mourir, à qui reviendra son bien accumulé ? Il sera dispersé et ira entre les mains de collatéraux pour lesquels il n'a pas particulièrement d'affection. S'il se marie, c'est la catastrophe, et s'il ne se marie pas, c'est une autre forme de catastrophe.

La femme est double. Elle est cette panse, ce ventre qui engloutit tout ce que son époux a péniblement récolté au prix de sa peine, de son labeur, de sa fatigue, mais ce ventre est aussi le seul qui puisse produire ce qui prolonge la vie d'un homme, un enfant. Le ventre de la femme figure contradictoirement la part nocturne de la vie humaine, l'épuisement, mais également la part d'Aphrodite, celle qui apporte des naissances nouvelles. L'épouse incarne la voracité qui détruit et la fécondité qui produit. Elle résume toutes les contradictions de notre existence. Comme le feu, elle est à la fois la marque du proprement humain, parce que seuls les hommes se marient. Le mariage distingue les hommes des bêtes, lesquelles s'accouplent comme elles mangent, au hasard des rencontres, n'importe comment. La femme est donc la marque d'une vie cultivée ; en même temps, elle a été créée à l'image des déesses immortelles. Quand on regarde une femme, on voit Aphrodite, Héra, Athéna. Elle est d'une certaine façon la présence du divin sur cette terre par sa beauté, par sa séduction, par sa *charis*. La femme conjoint la chiennerie de la vie humaine et sa part divine. Elle oscille entre les dieux et les bêtes, ce qui est le propre de l'humanité.

Le temps qui passe

Revenons à l'histoire d'une manière plus anecdotique. Pandora est entrée dans la maison d'Épiméthée, elle devient la première épouse humaine. Zeus lui chuchote à l'oreille ce qu'elle doit faire. Dans la maison d'Épiméthée, comme dans la maison de tout cultivateur grec, il y a une quantité de jarres et, parmi elles, une grande, cachée, à laquelle il ne faut pas toucher. D'où vient-elle ? On dit que des Satyres l'ont apportée, mais ce n'est pas certain. Un jour, alors que son mari est sorti, Zeus glisse à l'oreille de Pandora de déboucher cette jarre, puis de replacer aussitôt le bouchon, sans attendre. Ainsi fait-elle. Elle s'approche des jarres, très nombreuses. Certaines contiennent du vin, d'autres du blé ou de l'huile, toutes les réserves alimentaires sont réunies là. Pandora soulève le couvercle de la jarre cachée et, à la seconde, tous les maux, toutes les choses mauvaises se répandent dans l'univers. Au moment où Pandora remet le bouchon, il reste encore à l'intérieur *elpis*, c'est-à-dire l'espoir, l'attente de ce qui va arriver, qui n'a pas eu le temps de sortir de la jarre.

Tous les maux sont donc dans le monde à cause de Pandora. C'est la présence même de Pandora qui incarnait tous les maux, et maintenant la jarre ouverte les a encore multipliés. Quels sont ces maux ? Il y en a des myriades : la fatigue, les maladies, la mort, les accidents. Les malheurs sont incroyablement mobiles, ils bougent sans cesse, vont de tous côtés, ils ne restent jamais en place. Ils ne sont pas visibles, n'ont pas de forme, sont inaudibles, contrairement à Pandora,

laquelle est délicieusement visible et agréable à
entendre. Zeus a refusé que ces maux aient une figure
et une voix afin que les hommes ne puissent se prémunir contre eux, ni les écarter. Les maux que les
hommes tenteraient d'éviter, parce qu'ils les savent
détestables, demeurent tapis dans l'invisible, indiscer-
nables. Le mal qu'on voit et qu'on entend, la femme,
camouflée par la séduction de sa beauté, de sa douceur,
de ses propos, vous attire et vous charme au lieu de
vous effrayer. L'un des traits de l'existence humaine,
c'est la dissociation entre les apparences de ce qui se
laisse voir, se laisse entendre, et puis les réalités. Voilà
la condition des hommes telle que Zeus l'a mijotée en
réponse aux astuces de Prométhée.

Celui-ci ne s'en tire pas si bien puisque Zeus le
cloue entre ciel et terre, à mi-hauteur d'une montagne,
d'une colonne, où il l'enchaîne et le ligote. Prométhée,
qui avait livré aux humains la nourriture mortelle
qu'est la viande, sert à présent de nourriture à l'oiseau
de Zeus, à l'aigle porteur de sa foudre, messager de sa
puissance invincible. C'est lui, Prométhée, qui devient
la victime, le morceau de viande taillé dans la chair.
Tous les jours, l'aigle de Zeus dévore son foie totalement, il n'en reste rien. Pendant la nuit, le foie
repousse. Chaque jour l'aigle se nourrit de la chair de
Prométhée, et chaque nuit celle-ci se reconstitue pour
que l'aigle retrouve chaque matin sa pitance intacte. Il
en sera ainsi jusqu'au moment où Héraclès délivrera
Prométhée avec l'assentiment de Zeus. Prométhée
reçoit une forme d'immortalité en échange de la mort
du Centaure Chiron. Celui-ci, héros civilisateur qui a
appris à Achille, et à tant d'autres, à être des héros
parfaits, a été blessé, il souffre et sa blessure ne peut

pas guérir, il ne peut pas mourir bien qu'il le souhaite. Un échange a donc lieu. La mort est donnée à Chiron et son immortalité offerte à Prométhée. L'un et l'autre sont délivrés.

Prométhée est puni par où il a péché. Il a voulu offrir aux mortels la viande, et spécialement le foie, qui représente un morceau de choix dans l'animal sacrifié, puisque c'est sur cet organe qu'on peut lire si les dieux agréent votre sacrifice. A son tour, Prométhée devient, par le biais de son foie, nourriture de prédilection pour l'aigle de Zeus. Cet aigle est un symbole de la foudre divine, il est le porte-feu de Zeus, le foudroyant. En quelque sorte, le feu volé par le Titan fait retour sur son foie pour s'y tailler une part de festin toujours renouvelée.

De plus, il y a un détail qui n'est pas dénué de signification. Prométhée est un être ambigu, sa place dans le monde divin n'est pas claire. L'histoire de ce foie qui est dévoré tous les jours et qui repousse pareil à lui-même pendant la nuit montre qu'il y a au moins trois types de temps et de vitalité. Il y a le temps des dieux, l'éternité où rien ne se passe, tout est déjà là, rien ne disparaît. Il y a le temps des hommes, qui est un temps linéaire, toujours dans le même sens, on naît, on grandit, on est adulte, on vieillit et on meurt. Tous les êtres vivants y sont soumis. Comme dit Platon, c'est un temps qui va en ligne droite. Il y a enfin un troisième temps auquel fait penser le foie de Prométhée, celui-ci est circulaire ou en zigzag. Il indique une existence semblable à la lune, par exemple, qui grandit, périt puis renaît, et cela indéfiniment. Ce temps prométhéen est semblable aux mouvements des astres, c'est-à-dire à ces mouvements circulaires qui s'inscrivent dans le temps, qui permettent de mesurer le temps par eux. Ce n'est pas l'éternité des dieux, ce n'est pas non plus le temps terrestre, le temps mortel, qui va toujours dans le même sens. C'est un temps dont les philosophes pourront dire qu'il est l'image mobile de l'éternité immobile. Le personnage de Prométhée lui aussi est étiré, comme son foie, entre le temps linéaire des humains et l'être éternel des dieux. Sa fonction de médiateur dans cette histoire apparaît très clairement. Il est d'ailleurs mis entre ciel et terre, à mi-hauteur d'une colonne, dans l'entre-deux. Il représente la char-nière entre l'époque très lointaine où, dans un cosmos organisé, il n'y avait pas encore de temps, où les dieux et les hommes étaient mélangés, où la non-mort, l'im-mortalité, régnait, et l'époque des mortels, dorénavant séparés des dieux, soumis à la mort et au temps qui passe. Le foie de Prométhée est à l'image des astres, semblable à ce qui donne rythme et mesure à l'éternité divine et qui joue ainsi un rôle de médiation entre le monde divin et le monde humain.

La guerre de Troie

Contrairement à ce qu'a prétendu Giraudoux, la guerre de Troie a bien eu lieu. La raconter après le poète qui l'a fait connaître, Homère, à quoi bon ! Ce ne pourrait être qu'un mauvais résumé. Peut-être peut-on en revanche essayer de mettre en récit les raisons et le sens de ce conflit. L'affrontement plonge ses racines dans un passé très ancien. Pour essayer de comprendre, il faut se déplacer vers un certain nombre de montagnes, qui figurent aux origines de ce drame vécu par les mortels. Il y a le Pélion, en Grèce, et il y a aussi le mont Ida, en Troade, et le Taygète à Sparte. Ce sont de très hautes montagnes, c'est-à-dire des lieux où la distance entre les dieux et les hommes est moins grande qu'ailleurs, où, sans se trouver entièrement effacées, les frontières entre mortels et immortels deviennent en quelque façon poreuses. Il arrive que des glissements s'opèrent entre ce qui est divin et ce qui est humain. Parfois, et ce sera le cas pour la guerre de Troie, les dieux profitent de cette proximité, de ces rencontres aux sommets, pour transmettre aux hommes les maux, les catastrophes dont ils veulent se débarrasser en les expulsant du domaine lumineux où ils ont établi leur siège pour les fixer sur la surface de la terre.

Tout commence ainsi sur le Pélion, avec les noces de Pélée, roi de Phthie, et de Thétis, la Néréide. Comme ses cinquante sœurs, qui peuplent de leur présence favorable et gracieuse la surface des eaux et les profondeurs de la mer, Thétis est la fille de Nérée, qu'on appelle le « vieux de la mer ». Nérée est lui-même fils de Pontos, Flot marin, que Gaïa a engendré en même temps qu'Ouranos, à l'origine de l'univers. Par leur mère Doris, les Néréides sont de la descendance d'Okéanos, le fleuve cosmique primordial, qui ceinture l'univers en le tenant serré dans le réseau circulaire de ses eaux. Thétis est peut-être avec Amphitrite une des plus représentatives des Néréides. Comme d'autres déesses marines, elle possède un incroyable don de métamorphose. Elle peut prendre toutes les formes, elle peut se faire lion, flamme, palmier, oiseau, poisson. Elle possède un vaste registre de transformations. Déesse marine, elle est, comme l'eau, toute fluidité, aucune forme ne l'enferme. Elle peut toujours passer d'un aspect à un autre, échapper à sa propre apparence comme l'eau qui s'écoule à travers les doigts sans qu'on puisse la retenir. Cette déesse, peut-être en raison même de cette extrême souplesse, de cette insaisissable fluidité, représente aux yeux des Grecs une forme de puissance que seules quelques divinités ont obtenue en partage. Ainsi, en particulier, celle que Zeus a épousée en premières noces, la déesse Mètis. Nous l'avons vu, Zeus n'a pas seulement épousé Mètis, entre autres déesses, mais il en a fait sa première conjointe, car il savait qu'en raison même de ses qualités incroyables de souplesse, de finesse, de fluidité, l'enfant que Mètis porterait de ses œuvres serait un jour plus malin et puissant que lui. C'est pourquoi, à peine a-t-il engrossé la déesse qu'il se dépêche, par des ruses, de l'avaler pour que Mètis lui devienne intérieure. L'enfant qui va naître sera Athéna et il n'y en aura pas d'autre.

La puissance ondoyante et subtile que représente Mètis est depuis lors tout entière incluse dans la personne de Zeus. Il n'y aura donc pas de garçon qui, le moment venu, l'emportera sur son père. Ainsi s'inverse ce qui est proprement le lot des humains : si fort que soit un homme, si puissant, si intelligent, si royal et souverain, le jour vient où le temps l'accable, où l'âge pèse sur lui, et où, par conséquent, le rejeton qu'il a enfanté, le petit jeunot qu'il faisait sauter sur ses genoux, qu'il protégeait et nourrissait, devient un homme plus fort que son père et destiné à prendre sa place. Tandis que, dans le monde des dieux, une fois Zeus installé et établi, rien ni personne n'aura pouvoir de l'écarter pour occuper son trône.

Cette Thétis, avec son don, sa magie de métamorphose, est une créature ravissante, pleine de séduction. Deux dieux majeurs sont amoureux d'elle : Zeus et Poséidon. Ils se la disputent et chacun d'eux compte bien l'épouser. Dans le conflit qui oppose dans ce monde divin Zeus à Prométhée, l'arme que le Titan garde en réserve, la carte qui est dans son jeu, c'est que lui, et lui seul, détient, concernant cette affaire, un terrible secret : si Zeus réalise son souhait, s'il parvient à s'unir à Thétis, leur enfant lui infligera un jour ce que lui-même a infligé à son père Cronos, et celui-ci à son père Ouranos. La lutte des générations, la rivalité qui oppose les jeunes aux vieux, le fils au père, interviendrait alors à jamais dans le monde divin et remettrait en cause indéfiniment l'ordre que Zeus a voulu immuable, tel qu'il l'a institué en tant que souverain de l'univers.

Comment Zeus réussit-il à connaître ce secret ? Un des récits dit que Prométhée se réconcilie avec Zeus et qu'Héraclès, avec l'accord du roi des dieux, va délivrer le Titan à condition qu'il accepte de révéler son secret. Zeus est donc prévenu du danger, Poséidon l'est à son tour. Les dieux renoncent alors à s'unir à Thétis. Va-t-elle demeurer perpétuellement vierge et ne jamais connaître l'amour ? Non, les dieux sont magnanimes, ils vont se débarrasser sur les hommes de cette fatalité qui fait que, le moment venu, il faut céder la place aux jeunes. Thétis engendrera un enfant mortel à tous égards extraordinaire et qui dépassera, sur tous les plans, son géniteur : un héros modèle représentant, dans le monde des hommes, le sommet des vertus guerrières. Il sera le meilleur, l'inégalable. Qui sera cet enfant ? Le fils de Thétis et de Pélée, Achille. C'est un des personnages majeurs de la guerre de Troie dont le déclenchement même est lié à toute cette affaire.

Le mariage de Pélée

Zeus et les dieux décident ainsi unanimement que le Thessalien Pélée, roi de Phthie, doit se marier avec Thétis. Comment obtenir l'accord de la déesse ? Comment la persuader qu'elle doit déchoir en épousant un simple mortel, même s'il s'agit d'un roi ? Ce n'est pas aux dieux d'intervenir et d'imposer à une des leurs une telle mésalliance. Il faut donc que Pélée se débrouille tout seul pour conquérir son épouse, qu'il fasse avec elle comme d'autres héros qui ont réussi à soumettre des divinités marines et à obtenir d'elles ce qu'ils en attendaient. Ainsi a fait Ménélas, luttant victorieusement contre Protée et ses métamorphoses. Pélée va donc devoir enlever Thétis pour la faire passer, conformément au rite, de la demeure marine où elle réside jusqu'à la maison, le palais, la demeure et le foyer de son futur époux.

Voilà donc Pélée qui s'en vient un beau jour sur les bords de la mer. Il voit surgir Thétis, il lui parle, et il l'attrape par les bras, l'attire à lui. Pour s'échapper, elle prend toutes les formes. On a prévenu Pélée : avec ces divinités ondoyantes et à métamorphoses, la seule chose à faire, c'est de les emprisonner par une prise qui ne cède pas, une prise qui les encercle. Il faut enfermer la divinité dans le lien circulaire des bras, les deux mains soudées l'une à l'autre, quelles que soient les formes qu'elle puisse prendre – un sanglier, un lion puissant, une flamme brûlante, ou de l'eau –, et ne plus lâcher quoi qu'il advienne. C'est alors que la divinité vaincue renonce à déployer la panoplie de formes dont elle dispose et qui n'est pas infinie. Quand elle a parcouru tout le cycle des apparences empruntées, elle retrouve sa forme première, authentique, de jeune et belle déesse : elle est vaincue. La dernière forme qu'a revêtue Thétis pour se libérer de l'étreinte qui la ligote, c'est celle d'une seiche. Depuis lors, la langue de terre qui avance dans la mer et où s'est déroulée la lutte prénuptiale de Pélée et Thétis porte le nom de cap Sépias, le cap aux seiches. Pourquoi la seiche ? Parce que, au moment où on veut l'attraper, ou quand une bête marine la menace, elle a l'habitude de projeter dans l'eau autour d'elle cette encre noire qui la dissimule entièrement, de sorte qu'elle disparaît comme noyée dans une obscurité produite et diffusée par elle-même. C'est le dernier atout de Thétis, il lui faut comme la seiche jeter son encre. Embrumé dans cette noirceur générale, Pélée tient bon, il ne relâche pas sa prise et, finalement, c'est Thétis qui doit céder. Le mariage aura bien lieu. Il se célèbre précisément sur le sommet du Pélion. Ce n'est pas seulement une montagne qui rapproche les dieux et les hommes, qui les réunit au terme d'un échange inégal. Ce que les dieux envoient à Pélée par ce privilège de s'unir à une déesse, ce sont tous les risques que ce mariage représentait pour les immortels, et dont ils ne veulent pas, qu'il faut en quelque sorte faire glisser dans le monde humain. Tous les dieux se rassemblent, ils descendent depuis l'Olympe, le ciel éthéré, jusque sur les sommets du Pélion. Là, le mariage est célébré.

La montagne est non seulement un point de rencontre entre dieux et humains, mais c'est aussi un lieu ambigu, le séjour des Centaures, en particulier du Centaure Chiron, le plus vieux, le plus illustre d'entre eux. Les Centaures ont un statut ambivalent, une position ambiguë : ils ont une tête d'homme, un poitrail déjà chevalin, enfin le corps d'un cheval. Ce sont des êtres sauvages, sous-humains, cruels – ils sont capables de s'enivrer, ils sont des ravisseurs de femmes –, et en même temps surhumains parce que, comme Chiron, ils représentent un modèle de sagesse, de courage, de toutes les vertus qu'un jeune garçon doit assimiler pour devenir un véritable personnage héroïque : chasser, se servir de toutes les armes, chanter, danser, raisonner, rester toujours maître de soi. C'est cela que le Centaure Chiron va apprendre à divers enfants et en particulier à Achille. C'est donc dans ce lieu où les dieux sont mêlés aux hommes, et peuplé d'êtres bestiaux en même temps que surhumains, que le mariage est célébré. Ce sont les Muses qui chantent l'épithalame, la chanson de noce ; tous les dieux apportent un cadeau. Pélée reçoit une lance de frêne, une armure qu'Héphaïstos lui-même a forgée, deux chevaux merveilleux, immortels, Balios et Xanthos. Rien ne peut les atteindre, ils sont rapides comme le vent, il leur arrive de parler au lieu de hennir : à des moments privilégiés, quand le destin de mort que les dieux ont voulu pour les hommes profile sa menace sur le champ de bataille, ils se révèlent doués d'une voix humaine et profèrent des paroles prophétiques comme si les dieux, lointains, parlaient par leur voix, au plus près. Dans le combat d'Achille et Hector, après la défaite et la mort d'Hector, les chevaux s'adresseront à Achille pour lui annoncer que bientôt lui aussi va mourir.

Dans la joie, le chant, la danse, au milieu des largesses que les dieux manifestent vis-à-vis de Pélée, pour son mariage, débarque sur le Pélion un personnage qui n'avait pas été invité : la déesse Éris, la discorde, la jalousie, la haine. Elle surgit au beau milieu des noces et apporte, bien qu'elle n'ait pas été conviée, un magnifique cadeau d'amour : une pomme d'or, gage de la passion qu'on éprouve pour l'être aimé. Tous les dieux rassemblés, banquetant, les autres cadeaux en évidence, Éris jette au centre de la fête ce merveilleux présent. Mais le fruit porte une inscription, une devise : « A la plus belle. » Il y a là trois déesses, dont sûrement chacune est persuadée que la pomme lui revient de droit : Athéna, Héra et Aphrodite. Laquelle emportera le fruit ?

Cette pomme d'or, ce merveilleux joyau étincelant, lumineux, gît là au sommet du Pélion, attendant qu'on la prenne. Dieux et hommes sont rassemblés, Pélée a réussi à enfermer Thétis, en dépit de tous ses sortilèges, dans l'anneau de ses deux bras conjoints. C'est à ce moment qu'a jailli cette pomme, d'où sortira la guerre de Troie. Les racines de cette guerre ne se trouvent pas seulement dans les hasards de l'histoire humaine, elles relèvent d'une situation bien plus complexe qui tient à la nature des rapports entre les dieux et les hommes. Les dieux ne voulant pas connaître le vieillissement, la lutte de générations successives, ils les destinent aux hommes en même temps qu'ils leur offrent des épouses divines. Ainsi surgit cette situation tragique : les hommes ne peuvent pas célébrer de cérémonies de mariage sans connaître aussi de cérémonies de deuil. Au sein même du mariage, dans l'accord de ces êtres différents que sont les hommes et les femmes, se trouvent conjoints, d'un côté, Arès, dieu de la guerre qui disjoint et oppose, et, de l'autre, Aphrodite, qui accorde et unit. L'amour, la passion, la séduction, le plaisir érotique sont d'une certaine façon l'autre face de cette violence, du désir de l'emporter sur l'adversaire. Si l'union des sexes produit le renouvellement des générations, si les hommes se reproduisent, si la terre se repeuple grâce à ces mariages, à l'autre pôle du balancier, ils deviennent trop nombreux.

Lorsque les Grecs réfléchiront eux-mêmes sur la guerre de Troie, ils diront parfois que la vraie raison de cette guerre, c'est que, les hommes s'étant multipliés en masse, les dieux s'irritaient de cette foule bruyante et voulaient en purger la surface de la terre. Comme dans les récits babyloniens où les dieux décident d'envoyer le déluge. Les hommes font un trop grand vacarme. Il y a la zone éthérée, silencieuse, où les dieux se recueillent et se regardent les uns les autres, et puis il y a ces humains qui s'agitent, qui vibrionnent, qui s'époumonent en cris et en disputes, alors de temps en temps une bonne guerre, aux yeux des dieux, cela règle le problème : retour au calme.

Trois déesses devant une pomme d'or

Ainsi s'achève le premier acte du scénario qui va conduire à la guerre de Troie. A qui revient, avec la pomme, le prix de la beauté divine ? Les dieux ne peuvent pas trancher. Si Zeus faisait le choix, une seule déesse serait satisfaite aux dépens des deux autres. En tant que souverain impartial, il a déjà fixé les pouvoirs, les domaines, les privilèges relatifs de chacune des trois déesses. Si Zeus donne la préférence à Héra, on incriminera sa partialité en faveur de l'épouse, s'il choisit Athéna, on invoquera la fibre paternelle, et s'il se prononce pour Aphrodite, on y verra la preuve qu'il ne peut pas résister au désir amoureux. Rien dans l'ordre des préséances ne prête, entre elles, à modification. Impossible pour lui de juger. Là encore c'est un simple mortel qui devra s'en charger. Là encore les dieux vont faire glisser vers les hommes la responsabilité de décisions qu'ils se refusent à assumer, comme ils leur ont destiné des malheurs ou des destins funestes dont ils ne voulaient pas pour eux-mêmes.

Deuxième acte. Sur le mont Ida. C'est en ce lieu, en Troade, que la jeunesse héroïque fait ses classes. Domaine, comme le Pélion, des hautes étendues incultes, loin des cités, des champs cultivés, des terres à vigne, des vergers, espace de vie dure et rustique, de solitude sans autre compagnie que les bergers et leurs troupeaux, de chasse aux bêtes sauvages. Le jeune, encore lui-même ensauvagé, doit y faire l'apprentissage des vertus de courage, d'endurance, de maîtrise, qui font l'homme héroïque.

Le personnage qui a été choisi pour trancher la compétition entre les trois déesses s'appelle Pâris. Il a un second nom qui est celui de son premier âge : Alexandre. Pâris est le plus jeune des fils de Priam. Lorsque Hermès, suivi des trois déesses, descend vers les sommets du mont Ida, pour demander à Pâris d'arbitrer et de dire laquelle est à ses yeux la plus belle, Pâris garde les troupeaux royaux de son père sur le mont Ida. Il est donc une espèce de roi-berger ou de berger royal, tout jeune, un *kouros*, dans la fleur de l'adolescence encore. Il a eu une enfance et une jeunesse extraordinaires, il est le plus jeune fils d'Hécube, épouse du roi Priam, maître de Troie, cette grande cité asiatique sur la côte anatolienne, très riche, très belle, très puissante.

Juste avant d'accoucher, Hécube rêva qu'elle enfantait, au lieu d'un être humain, une torche qui mettait le feu à la ville de Troie. Naturellement elle demanda au devin, ou à des parents connus pour leur excellence dans l'interprétation des songes, ce que cela signifiait. On lui donna le sens en quelque sorte évident : cet enfant sera la mort de Troie, sa destruction par le feu et la flamme. Que faire ? Ce que faisaient les anciens dans de tels cas. Vouer l'enfant à la mort, sans le tuer : l'exposer. Priam confie l'enfant à un berger pour qu'il l'abandonne, sans nourriture, sans soins, sans défense, en ces mêmes lieux de solitude où s'exerce la jeunesse héroïque, non pas dans la plaine cultivée et peuplée, mais sur les flancs de cette montagne éloignée des humains et livrée aux bêtes sauvages. Exposer un enfant, c'est le vouer à la mort, sans se souiller les mains de son sang, l'envoyer dans l'au-delà, le faire disparaître. Mais il arrive parfois que l'enfant ne meure pas. Quand par hasard il resurgit, il fait retour avec des qualités qui viennent précisément de ce que, voué à la mort, il a subi cette épreuve et a pu y échapper. Le fait d'avoir victorieusement traversé à la naissance les portes de la mort confère au rescapé l'éclat d'un être d'exception, d'un élu. Que s'est-il passé avec Pâris ? On dit qu'une ourse l'a d'abord nourri de son lait pendant quelques jours. La femelle de l'ours, par sa façon de marcher et de s'occuper des petits, est souvent vue comme une sorte de mère humaine. Elle nourrit momentanément ce nouveau-né puis des bergers, les gardiens des troupeaux du roi sur le mont Ida, le découvrent et le recueillent. Ils l'élèvent au milieu d'eux sans savoir, bien entendu, qui il est. Ils l'appellent Alexandre au lieu de Pâris, nom que lui avaient donné à sa naissance son père et sa mère.

Les années passent. Un jour, un émissaire du palais vient chercher le plus beau taureau du troupeau royal pour un sacrifice funéraire que Priam et Hécube veulent faire pour cet enfant qu'ils ont envoyé à la mort, pour honorer celui dont ils ont dû se séparer. Ce taureau est le préféré du jeune Alexandre, qui décide de l'accompagner et de tenter de le sauver. Comme chaque fois qu'il y a des cérémonies funèbres en l'honneur d'un défunt, il y a non seulement des sacrifices mais aussi des jeux et des concours funèbres, à la course, à la boxe, à la lutte, au lancer de javelot. Le jeune Alexandre s'inscrit pour concourir avec les autres fils de Priam, contre l'élite de la jeunesse troyenne. Il l'emporte dans tous les concours.

Tout le monde est stupéfait et se demande qui est ce jeune berger inconnu, si beau à voir, si fort, si habile. Un des fils de Priam, Déiphobe – que nous retrouverons au cours de cette histoire –, est pris de fureur et décide de tuer cet intrus qui l'a emporté sur tous. Il poursuit le jeune Alexandre qui se réfugie au temple de Zeus, où se trouve aussi leur sœur, Cassandre, une jeune vierge très belle dont Apollon a été amoureux mais qui l'a repoussé. Pour se venger, le dieu lui a accordé un don infaillible de divination, mais qui ne lui sert de rien. Au contraire, ce don ne fera qu'aggraver son malheur, car personne ne croira jamais à ses prédictions. Dans la situation présente, elle proclame : « Attention, cet inconnu est notre petit Pâris. » Et Pâris-Alexandre exhibe en effet les langes qu'il portait quand on l'a exposé. Il suffit qu'il les fasse voir pour être reconnu. Sa mère, Hécube, est folle de joie, et Priam, qui est un très bon vieux roi, est ravi lui aussi de retrouver son enfant. Voilà donc Pâris réintégré dans la famille royale.

Au moment où les trois déesses conduites par Hermès, que Zeus a chargé de régler l'affaire en son nom, viennent lui rendre visite, il a déjà repris sa place au sein de la lignée royale, mais il a gardé l'habitude, ayant passé toute sa jeunesse en berger, d'aller visiter les troupeaux. Il est un homme du mont Ida. Pâris voit donc arriver Hermès et les trois déesses, il est un peu surpris et inquiet. Inquiet, parce que, généralement, lorsqu'une déesse se montre ouvertement à un humain dans sa nudité, son authenticité d'immortelle, cela tourne mal pour les spectateurs : on n'a pas le droit de voir la divinité. C'est à la fois un privilège extraordinaire et un danger dont on ne se remet pas. Ainsi, Tirésias, d'avoir vu Athéna, en perd-il la vue. Sur ce même mont Ida, Aphrodite, descendue du ciel, s'était unie à Anchise, le père de celui qui sera Énée. Après avoir dormi avec elle, comme avec une simple mortelle, au matin Anchise la voit dans toute sa beauté divine, il est pris de terreur, il l'implore en lui disant : « Je sais que je suis perdu, je ne pourrai plus jamais avoir de contact charnel, désormais, avec une créature féminine. Qui s'est uni à une déesse ne va pas ensuite se retrouver dans les bras d'une simple mortelle. Sa vie, ses yeux, en tout cas sa virilité sont anéantis. »

Pour commencer, donc, Pâris est épouvanté. Hermès le rassure. Il lui explique qu'il lui incombe de faire le choix, de décerner le prix – les dieux en ont ainsi décidé –, et que c'est à lui d'arbitrer en disant laquelle est à ses yeux la plus belle. Pâris se sent fort embarrassé. Les trois déesses, dont la beauté est sans doute équivalente, essaient chacune de le séduire par des promesses alléchantes. Si elle devient l'élue de son choix, chacune d'elles jure de lui apporter un pouvoir unique et singulier qu'elle seule a le privilège de donner.

Que peut lui offrir Athéna ? Elle lui dit : « Si tu me choisis, tu auras la victoire dans les combats à la guerre et la sagesse que tout le monde t'enviera. » Héra lui déclare : « Si tu me choisis, moi, tu obtiendras la royauté, tu seras le souverain de toute l'Asie, car

comme épouse de Zeus, dans mon lit se trouve ins-
crite la souveraineté. » Quant à Aphrodite, elle lui
annonce : « Si tu me préfères, tu seras le séducteur
complet, tout ce qu'il y a de plus beau sur le plan
féminin te sera acquis et, en particulier, la belle
Hélène, celle dont déjà la réputation s'est répandue
partout. Celle-là, quand elle te verra, ne te résistera
pas. Tu seras l'amant et le mari de la belle Hélène. »
Victoire guerrière, souveraineté, la belle Hélène, la
beauté, le plaisir, le bonheur avec une femme… Pâris
choisit Hélène. Voici du coup enclenché, avec à l'arrière-plan le nœud des relations entre les dieux et les
hommes, le mécanisme dont la mise en place constitue
le deuxième acte de cette histoire.

Hélène, coupable ou innocente ?

Le troisième acte, c'est autour d'Hélène qu'il se
joue. Qui est Hélène ? Elle est elle-même le fruit
d'une intrusion des dieux dans le monde humain. Sa
mère, Léda, une mortelle, est la fille du roi de Calydon,
Thestios. Toute jeune elle rencontre un Lacédémonien,
Tyndare, que les aléas de la vie politique ont chassé
de sa patrie et qui a trouvé refuge auprès de Thestios.
Avant de revenir à Sparte pour y récupérer la royauté
dont on l'a dépouillé, Tyndare s'éprend de Léda et la
demande en mariage. On célèbre les noces en grande
pompe. Mais l'extrême beauté de la jeune fille n'a pas
séduit seulement son époux. Des hauteurs de l'Olympe,
Zeus l'a repérée. Sans tenir compte ni d'Héra ni
d'aucune autre de ses épouses divines, il n'a plus
qu'une idée en tête : faire l'amour à cette jeune

femme. Le jour du mariage, dans la nuit même où Tyndare et Léda partagent la même couche, Zeus la rejoint et s'unit à elle sous la forme d'un cygne. Léda porte en son sein en même temps les enfants de Tyndare et les enfants de Zeus. Quatre enfants : deux filles, deux garçons. On dit parfois qu'en réalité c'est une déesse, Némésis, que Zeus a forcée. Pour lui échapper, elle avait pris la forme d'une oie et Zeus se fit cygne pour la couvrir. La scène eut lieu sur les hauteurs du mont Taygète, près de Sparte, et c'est au sommet de la montagne que Némésis-oie dépose l'œuf (ou les deux œufs) qu'un berger se hâte de porter à Léda. Au palais de la reine les petits émergent de leur coquille, et Léda en fait ses propres enfants.

Némésis est une divinité redoutable, fille de Nuit, de la même espèce que ses frères et sœurs enfantés comme elle par la puissance de Ténèbre : Mort, les Parques, Lutte (Éris) avec sa suite : Meurtres, Tueries, Combats. Mais Némésis comporte l'autre aspect aussi du nocturne féminin : les doux Mensonges (*Pseudea*), la Tendresse amoureuse (*Philotès*), qui réunit plaisirs et tromperies. Némésis est une vengeresse qui veille à l'expiation des fautes ; elle ne connaît pas le repos tant qu'elle n'a pas atteint le coupable pour le châtier, tant qu'elle n'a pas abaissé l'insolent qui s'est élevé trop haut, suscitant par l'excès de sa réussite la jalousie des dieux. Némésis-Léda : d'une certaine façon, c'est Némésis, la déesse, qui prend la figure de Léda, une simple femme, pour faire payer aux mortels le malheur de n'être pas des dieux.

Quatre enfants donc, deux garçons, les Dioscures (les « enfants de Zeus », qui sont en même temps les Tyndarides, ceux de Tyndare) Castor et Pollux ; deux filles, Hélène et Clytemnestre. En eux se sont, pour le meilleur et pour le pire, conjoints le divin et l'humain, les semences de Tyndare, l'époux homme, et de Zeus, l'amant dieu, s'étant mêlées dans le giron de Némésis-Léda pour s'associer tout en demeurant distinctes et opposées. Des deux jumeaux mâles, l'un, Pollux, vient tout droit de Zeus, il est immortel ; l'autre, Castor, tient plus de Tyndare. Dans le combat qu'ils livrent contre leurs deux cousins, Idas et Lyncée, Castor trouve la mort et descend aux Enfers tandis que Pollux, vainqueur mais blessé, est élevé en gloire sur l'Olympe par Zeus. En dépit pourtant de leur ascendance et de leur nature contrastées, les deux frères restent des jumeaux aussi liés l'un à l'autre, aussi inséparables que les deux extrémités de la poutre horizontale qui, à Sparte, les représente. Pollux obtient de Zeus que l'immortalité soit également partagée entre lui et son frère, chacun bénéficiant pour moitié d'un séjour au ciel chez les dieux, pour moitié d'un exil sous terre, aux Enfers, au royaume des ombres, avec les mortels. Clytemnestre et Hélène, elles aussi, se répondent comme une double calamité. Mais Clytemnestre, dont on dit qu'elle est la fille purement mortelle de Tyndare, est toute noire : elle incarne la malédiction qui pèse sur la lignée des Atrides, elle est l'esprit vengeur qui apporte une mort ignominieuse au vainqueur de Troie, Agamemnon.

Hélène, progéniture de Zeus, garde quant à elle, jusque dans les malheurs qu'elle provoque, une aura divine. L'éclat de sa beauté, qui fait d'elle, par son pouvoir de séduction, un être effrayant, ne cesse pourtant pas de rayonner de sa personne et de la nimber d'une lumière où brille le reflet du divin. Quand elle quitte son époux, son palais, ses enfants, pour suivre les pas du jeune étranger qui lui propose un amour adultère, est-elle coupable, est-elle innocente ? On dit tantôt qu'elle a d'autant plus facilement cédé à l'appel du désir, au plaisir des sens, qu'elle était fascinée par le luxe, la richesse, l'opulence, le faste oriental dont faisait montre le prince étranger. Tantôt on affirme au contraire qu'elle a été enlevée de force, contre son gré et en dépit de sa résistance.

Un fait en tout cas est certain. La fugue d'Hélène avec Pâris a déclenché la guerre de Troie. Pourtant, cette guerre n'aurait pas été ce qu'elle fut s'il ne s'y était agi que de la jalousie d'un mari décidé à récupérer sa femme. L'affaire est beaucoup plus grave. Le pôle accord, hospitalité, liens de voisinage, engagements intervient face au pôle violence, haine, déchirements. Lorsque Hélène est en âge de se marier, son père Tyndare, devant une telle beauté, devant un joyau si précieux, se dit que ce n'est pas une mince affaire. Il convoque donc tout ce que la Grèce comprend de jeunes gens, de princes, de rois encore célibataires, pour qu'ils s'en viennent chez lui et que le choix, entre eux, se fasse en connaissance de cause. Ils restent un certain temps à la cour du roi. Que décider ? Tyndare est embarrassé. Il a un neveu très rusé, Ulysse, qu'il faut évoquer parce qu'il joue aussi un rôle dans cette histoire. Ulysse tient à peu près ce langage au père d'Hélène : « Tu n'as qu'un moyen de te tirer d'affaire. Avant de fixer ton choix, ce qui va sûrement provoquer des remous, tu fais prêter à tous les prétendants, unanimement, un serment comme quoi, quelle que soit la décision d'Hélène, ils ratifieront ce choix et qu'en outre ils se trouveront tous engagés par ce mariage. S'il arrive à celui qu'elle aura élu, dans ses relations matrimoniales, quelque chose qui ne va pas, ils se sentiront tous solidaires du mari. » Tous prêtent serment et on demande à Hélène de déclarer sa préférence. C'est Ménélas qu'elle choisit.

Ménélas connaissait déjà Pâris. Lors d'un voyage en Troade, celui-ci avait été son hôte. Quand, accompagné d'Énée, Pâris s'en vient à son tour en Grèce, il est d'abord reçu en grande pompe par les frères d'Hélène, les Dioscures, avant d'être introduit par Ménélas à Sparte, où se trouve Hélène. Pendant un certain temps, Ménélas comble son hôte Pâris de présents et d'attentions. Puis il doit se rendre à l'enterrement d'un parent. Il confie alors à Hélène le soin de le remplacer dans ses tâches d'hospitalité. C'est à l'occasion de ce deuil et du départ de Ménélas que l'hôte est reçu plus personnellement par Hélène. On peut supposer que, tant que Ménélas était là, les femmes du palais royal de Sparte ne vivaient pas en intimité avec un étranger, c'était l'affaire du roi. Maintenant, c'est celle d'Hélène.

Pâris et Énée reprennent la mer et, sans plus attendre, filent vers Troie avec la belle Hélène, consentante ou contrainte, dans les flancs du bateau. De retour à Sparte, Ménélas se précipite chez son frère Agamemnon pour lui annoncer la trahison d'Hélène, et surtout la traîtrise de Pâris. Agamemnon charge un certain nombre de personnages, dont Ulysse, de faire le tour de tous les anciens prétendants et de battre le rappel des solidarités. L'offense a été telle que, au-delà même de Ménélas et d'Agamemnon, c'est toute l'Hellade qui doit se rassembler pour faire payer à Pâris le rapt d'une femme qui n'est pas seulement la plus belle, mais une Grecque, une épouse, une reine.

Dans les affaires d'honneur la négociation peut cependant précéder et, parfois, remplacer l'épreuve des armes. Dans un premier temps, Ménélas et Ulysse partent donc en délégation à Troie, pour essayer d'arranger les choses à l'amiable, pour que l'harmonie, l'accord, l'hospitalité règnent à nouveau, moyennant le paiement d'amendes ou la réparation du tort qui a été fait. Ils sont reçus à Troie. Certains parmi les premiers des Troyens sont partisans de cette solution pacifique, en particulier Déiphobe. C'est l'assemblée des vieillards de Troie qui doit prendre la décision; cette affaire dépasse même le pouvoir royal. Les deux Grecs sont donc reçus à l'assemblée où certains descendants de Priam, non seulement intriguent pour faire rejeter tout compromis, mais suggèrent même qu'on ne doit pas laisser repartir vivants Ulysse et Ménélas. Mais Déiphobe, qui les a reçus en hôte, maintient sur eux sa protection. Ils s'en reviennent de leur mission bredouilles pour annoncer en Grèce l'échec de la tentative de conciliation. Tout est désormais en place pour que le conflit éclate.

Mourir jeune, survivre en gloire

L'expédition contre Troie ne semble pas avoir, d'entrée de jeu, soulevé chez les Grecs un enthousiasme unanime. Même Ulysse aurait essayé de se défiler. Pénélope venait de lui donner un fils, Télémaque. Le moment lui paraissait mal choisi pour abandonner la mère et l'enfant. Lorsqu'on vient lui annoncer qu'il faut s'embarquer et récupérer, par la force des armes, Hélène enlevée par le prince troyen, pour échapper à cette obligation il simule la folie. Le plus sage, le plus rusé, va faire le simple d'esprit. C'est le vieux Nestor qui s'en était venu jusqu'à Ithaque pour lui communiquer l'ordre de rassemblement. Il voit Ulysse tirant une charrue attelée à un âne et un bœuf, le héros marche à reculons en semant des cailloux au lieu de blé. Tout le monde est catastrophé sauf Nestor, qui est assez malin pour deviner qu'Ulysse est en train de jouer un de ses tours habituels. Pendant qu'Ulysse marche à reculons et que la charrue avance, Nestor saisit le petit Télémaque et le dépose devant le soc. A ce moment, Ulysse retrouve ses esprits et il prend l'enfant dans ses bras pour que rien ne lui arrive. Le voilà démasqué, il accepte de partir.

Quant au vieux Pélée, époux de Thétis, qui a vu mourir plusieurs de ses enfants, il n'a plus qu'Achille et ne supporte pas l'idée qu'il puisse quelque jour partir à la guerre. Il prend alors la précaution d'expédier le jeune garçon à Skyros, parmi les filles du roi de l'île. Achille vit là en fille, dans ce gynécée. Après avoir été, en sa première jeunesse, élevé par Chiron et les Centaures, il a atteint maintenant cet âge où les sexes ne sont pas encore marqués, pas franchement distincts. Sa barbe n'a pas encore poussé, il n'a pas de poils, il a l'air d'une petite jeune fille charmante, cette beauté indécise des adolescents qui sont aussi bien des garçons que des filles, des filles que des garçons. Il demeure parmi ses compagnes, insouciant. Ulysse vient le chercher. On lui répond qu'il n'y a pas de garçon dans ce lieu. Ulysse, qui s'est fait passer pour un marchand ambulant avec sa mercerie, demande à entrer. Il voit une cinquantaine de filles et Achille ne se distingue pas d'elles. Ulysse sort de sa hotte, pour les exhiber, des tissus, des broderies, des agrafes, des bijoux, et quarante-neuf des filles se pressent pour admirer ces babioles, mais il en est une qui demeure de côté, indifférente. Ulysse sort alors un poignard et cette jeune fille charmante se précipite sur ce poignard. Derrière les murs, une trompette guerrière retentit, panique dans le quartier des femmes, les quarante-neuf filles se sauvent avec leurs chiffons, une seule, son poignard à la main, se dirigeant vers la musique pour partir au combat. Ulysse démasque Achille comme Nestor a démasqué Ulysse. Achille à son tour est prêt à partir à la guerre.

Tous les enfants qu'a eus Thétis avant Achille, sept garçons, la déesse ne pouvait pas se résoudre à ce qu'ils soient de simples mortels comme leur père. Elle cherchait donc dès les premiers jours à les rendre immortels. Elle les mettait dans le feu pour qu'il brûle en eux toute cette humidité porteuse de corruption et qui fait que les humains ne sont pas purement une flamme éclatante ; mais dans le feu ses fils se consumaient et périssaient. Le pauvre Pélée était catastrophé. De sorte qu'à la naissance d'Achille Pélée se dit que celui-là au moins, il va essayer de le sauver. Au moment où sa mère s'apprête à le mettre dans le feu, le père intervient et l'attrape. Le feu n'a touché que les lèvres de l'enfant et un os du talon, qui est mort. Pélée obtient du Centaure Chiron qu'il aille sur le mont Pélion et déterre le cadavre d'un Centaure extrêmement rapide à la course, qu'il prélève un talon sur le cadavre et le replace chez le petit Achille, qui dès son jeune âge court aussi vite qu'un cerf. C'est une première version. Une autre raconte que, pour le rendre immortel, comme elle ne pouvait pas le plonger dans le feu, Thétis l'a plongé dans l'eau du Styx, ce fleuve infernal qui sépare les vivants des morts. Bien entendu, celui qui est plongé dans les eaux du Styx et en ressort obtient des vertus et des qualités d'énergie exceptionnelles. Achille, immergé dans ces eaux infernales, a résisté à l'épreuve ; seul le talon, par où sa mère le tenait suspendu, n'a pas été en contact avec l'eau. Achille n'est pas seulement le guerrier à la course rapide, il est aussi le combattant invulnérable aux blessures humaines sauf à un endroit, le talon, par où le trépas peut s'insinuer.

Un des résultats de ce mariage inégal entre une déesse et un humain, c'est que toute la splendeur, toute la puissance qui s'attachent à la divine Thétis viennent en partie auréoler le personnage d'Achille. En même temps, sa figure ne peut être que tragique : sans être un dieu, Achille ne saurait ni vivre ni mourir comme le commun des hommes, en simple mortel ; mais échapper à la condition ordinaire de l'humanité ne fait pas pour autant de lui un être divin, assuré de l'immortalité. Son destin, qui pour tous les guerriers, tous les Grecs de ce temps, a valeur de modèle, continue à nous fasciner : il éveille en nous, en écho, la conscience de ce qui fait de l'existence humaine, limitée, déchirée, divisée, un drame où la lumière et l'ombre, la joie et la douleur, la vie et la mort sont indissolublement mêlées. Exemplaire, le destin d'Achille est marqué du sceau de l'ambiguïté. D'origine à moitié humaine, à moitié divine, il ne peut être entièrement ni d'un côté ni de l'autre.

Au seuil de sa vie, dès ses premiers pas, la route sur laquelle il doit s'avancer bifurque. Quelle que soit la direction qu'il va choisir de prendre, il lui faudra, en la suivant, renoncer à une part essentielle de lui-même. Il ne peut à la fois jouir de ce que l'existence à la lumière du soleil offre de plus doux aux humains, et assurer à sa personne le privilège de n'en être jamais privé, de ne pas mourir. Jouir de la vie, ce bien le plus précieux pour des créatures éphémères, ce bien unique, incomparable à tout autre parce que le seul, une fois perdu, à ne pouvoir se retrouver, c'est renoncer à tout espoir d'immortalité. Se vouloir immortel, c'est, en partie, accepter de perdre la vie avant même de l'avoir pleinement vécue. Si Achille choisit, comme le souhaite son vieux père, de demeurer sur place, chez lui, à Phthie, en famille et en sécurité, il aura une vie longue, paisible et heureuse, parcourant tout le cycle du temps imparti aux mortels jusqu'à une vieillesse entourée d'affection. Mais, pour brillante qu'elle puisse être, même illuminée par le meilleur de ce que le passage sur cette terre apporte de bonheur aux hommes, son existence ne laissera après elle nulle trace de son éclat ; dès lors qu'elle s'achève, cette vie s'abîme dans la nuit, dans le rien. En même temps qu'elle, le héros disparaît tout entier et à jamais. En plongeant dans l'Hadès, sans nom, sans visage, sans mémoire, il s'efface comme s'il n'avait jamais existé.

Ou bien Achille fait l'option inverse : la vie courte et la gloire pour toujours. Il choisit de partir au loin, de tout quitter, de tout risquer, de se vouer d'avance à la mort. Il veut compter au petit nombre des élus qui ne se soucient ni du confort, ni des richesses, ni des honneurs ordinaires, mais qui veulent triompher dans des combats dont l'enjeu, chaque fois, est leur propre vie. Affronter sur le champ de bataille les adversaires les plus aguerris, c'est se mettre soi-même à l'épreuve dans un concours de valeur où chacun doit montrer ce qu'il est, manifester aux yeux de tous son excellence, une excellence qui culmine dans l'exploit guerrier et qui trouve son accomplissement dans la « belle mort ». En plein combat, en pleine jeunesse, les forces viriles, la bravoure, l'énergie, la grâce juvénile intactes ne connaîtront ainsi jamais la décrépitude du vieil âge.

Comme si, pour briller dans la pureté de son éclat, la flamme de la vie devait être portée à un tel point d'incandescence qu'elle se trouve consumée au moment même où elle s'est allumée. Achille choisit la mort en gloire, dans la beauté préservée d'une toute jeune vie. Vie écourtée, amputée, rétrécie, et gloire impérissable. Le nom d'Achille, ses aventures, son histoire, sa personne demeurent à jamais vivants dans la mémoire des hommes dont les générations se succèdent de siècle en siècle, pour disparaître toutes l'une après l'autre, dans l'obscurité et le silence de la mort.

Ulysse ou l'aventure humaine

Les Grecs sont vainqueurs. Après tant d'années de siège et de combats devant les murs de Troie, la ville est enfin tombée. Les Grecs ne se sont pas contentés de la vaincre, de la prendre, ils l'ont saccagée, incendiée, grâce à une ruse, le fameux cheval de bois que les Troyens ont introduit dans leur ville en pensant qu'il s'agissait d'une pieuse offrande aux dieux. Une avant-garde a pu sortir des flancs du cheval, ouvrir les portes de la cité pour permettre à l'armée grecque de se répandre dans la ville et de tout massacrer sur son passage. Les hommes ont été tués, les femmes, les enfants, emmenés en esclavage, il n'y a plus que des ruines. Les Grecs s'imaginent que l'affaire est enfin réglée, mais c'est alors que se découvre l'autre versant de cette grande aventure guerrière. Il va falloir, d'une façon ou d'une autre, que les Grecs paient les crimes, les excès, l'*hubris*, dont ils se sont rendus coupables au cours même de leur victoire. Dès le départ, un désaccord surgit entre Agamemnon et Ménélas. Ce dernier souhaite partir tout de suite, faire retour au plus vite. Agamemnon, au contraire, veut rester sur place pour sacrifier à Athéna qui, en soutenant leur cause chez les dieux, a décidé de leur victoire. Ulysse, avec les douze vaisseaux qu'il a amenés, choisit de faire route sans attendre en direction d'Ithaque. Il s'embarque avec Ménélas sur le même bateau qui transporte aussi le vieux Nestor. Mais, à l'île de Ténédos, Ulysse se prend de querelle avec Ménélas et retourne à Troie pour y rejoindre Agamemnon. Ils vont donc partir de conserve dans l'espoir de gagner en même temps la Grèce continentale. Les dieux en décident autrement. Les vents, les orages, la tempête se déchaînent. La flotte se disloque ; bien des navires sombrent, entraînant dans leur perte leurs équipages de marins et de combattants. Rares sont ceux des Grecs qui ont la chance de rentrer au logis. Et parmi ceux que la mer a épargnés, certains trouveront la mort au seuil de leur demeure. Ainsi d'Agamemnon. A peine a-t-il mis le pied sur le sol de sa patrie qu'il tombe dans le piège que lui tendent sa femme Clytemnestre et Égisthe, l'amant de cette épouse infidèle. Agamemnon, sans méfiance, s'en vient comme un brave bœuf tout content de retrouver l'étable familière. Il sera frappé sans pitié et abattu par les deux complices.

Entre les navires d'Agamemnon, qui forment le gros de la flotte, et ceux d'Ulysse, la tempête va donc provoquer la dispersion. Aussi Ulysse se trouve-t-il isolé sur la mer avec sa flottille. Il affronte les mêmes épreuves, subit les mêmes tempêtes que ses compagnons d'infortune. Quand enfin il débarque en Thrace chez les Cicones, l'accueil est hostile. Ulysse s'empare de leur ville, Ismaros. Il se conduit vis-à-vis des vaincus comme le faisaient beaucoup de héros grecs. Il tue la plupart des habitants de cette ville, mais en épargne un : le prêtre d'Apollon, nommé Maron. En reconnaissance, Maron lui offre plusieurs outres d'un vin qui n'est pas une boisson ordinaire mais une sorte de nectar divin. Ulysse fait porter les outres en réserve sur ses navires. Les Grecs, tout contents, dressent leur campement de nuit le long du rivage en attendant de repartir au lever du jour. Mais les Cicones des campagnes, prévenus de l'arrivée d'ennemis, les attaquent au matin et en tuent un grand nombre. Les survivants embarquent en hâte et filent aussi vite qu'ils le peuvent sur les bateaux mis à la mer.

Au pays de l'oubli

Les voici repartis, la flotte fort réduite. Un peu plus loin, Ulysse aborde le cap Malée, puis le dépasse. De là il peut déjà voir les côtes d'Ithaque, sa patrie. Il se sent comme rendu chez lui. C'est au moment où il imagine son parcours terminé que le rideau se lève sur une autre partie du périple d'Ulysse : il avait jusque-là simplement accompli le voyage d'un navigateur de retour d'une expédition guerrière au-delà des mers. Mais, quand ils doublent le cap Malée, une tempête s'abat à l'improviste sur les Grecs. Elle va souffler sept jours durant, transportant la flottille dans un espace tout différent de celui où elle naviguait auparavant. Désormais Ulysse ne saura plus où il se trouve, il ne rencontrera plus de gens comme les Cicones, qui sont des guerriers hostiles mais semblables à lui. Il sort en quelque sorte des frontières du monde connu, de l'*oikoumènos* humain, pour entrer dans un espace de non-humanité, un monde de l'ailleurs.

A partir de maintenant, Ulysse ne rencontrera plus que des êtres qui sont soit de nature quasi divine, nourris de nectar et d'ambroisie, comme Circé ou Calypso, soit des êtres sous-humains, des monstres comme le Cyclope ou les Lestrygons, des cannibales nourris de chair humaine. Pour les Grecs, le propre de l'homme, ce qui le définit en tant que tel, c'est le fait de manger le pain et de boire le vin, d'avoir un certain type de nourriture et de reconnaître les lois de l'hospitalité, d'accueillir l'étranger, au lieu de le dévorer. L'univers dans lequel Ulysse et ses marins ont été projetés par cette terrible tempête est précisément le contraire de ce monde humain normal. A peine la tempête calmée, les Grecs aperçoivent une rive, ils abordent en cette terre dont ils ne savent rien. Pour apprendre un peu qui l'habite, pour s'y ravitailler aussi, Ulysse choisit quelques marins qu'il envoie en estafette, en avant-garde, pour prendre contact avec les gens du pays. Ils sont reçus avec une extrême gentillesse. Les indigènes sont tout sourire. Aux navigateurs étrangers, ils offrent tout de suite de partager avec eux leur nourriture ordinaire. Or, les habitants de ce pays sont les Lotophages, les mangeurs de Lotos. De même que les hommes se nourrissent de pain et de vin, eux sont les mangeurs d'une plante exquise, le Lotos. Si un humain ingurgite cette nourriture délicieuse, il oublie tout. Il ne se souvient plus de son passé, il perd toute notion de qui il est, d'où il vient, où il va. Celui qui absorbe le Lotos cesse de vivre comme font les hommes, avec en eux le souvenir du passé et la conscience de ce qu'ils sont.

Les envoyés d'Ulysse, quand ils retrouvent leurs compagnons, se refusent à reprendre la mer, ils sont incapables de dire ce qui leur est arrivé. Ils sont en quelque sorte anesthésiés dans une espèce de bonheur qui paralyse toute remembrance. Ils souhaitent seulement rester là où ils sont, comme ils sont, sans plus d'attaches ni de passé, sans projet : sans désir de retour. Ulysse les prend par la peau du cou, les remet sur leurs bateaux et file. Première étape donc : une terre qui est le pays de l'oubli.

Au cours du long périple qui va suivre, à chaque moment, l'oubli, l'effacement du souvenir de la patrie et du désir d'y faire retour, c'est cela qui, à l'arrière-plan de toutes les aventures d'Ulysse et de ses compagnons, représente toujours le danger et le mal. Être dans le monde humain, c'est être vivant à la lumière du soleil, voir les autres et être vu par eux, vivre en réciprocité, se souvenir de soi et des autres. Là, au contraire, ils rentrent dans un monde où les puissances nocturnes, les enfants de la Nuit, comme les appelle Hésiode, vont étendre peu à peu leur ombre sinistre sur l'équipage d'Ulysse et sur Ulysse lui-même. Un nuage d'obscurité demeure toujours suspendu au-dessus des navigateurs, qui menace de les perdre s'ils se laissent aller à l'oubli du retour.

Ulysse en Personne face à Cyclope

Ils ont quitté l'île des Lotophages. Le bateau d'Ulysse navigue, et voici que la flottille se trouve enveloppée dans une espèce de brume où on ne voit plus rien. C'est le soir, le bateau avance sans que les marins n'aient ni à ramer ni à prévoir ce qui vient. Voilà qu'ils s'échouent sur un îlot qu'ils n'avaient pas aperçu et dont ils ne distinguent rien. C'est la mer elle-même, ou les dieux, qui pousse le navire vers cette île invisible où ils abordent dans une obscurité complète. Même la lune ne se montre pas. On n'y distingue rien. Ils sont là sans avoir rien pu prévoir de ce qui leur arrive. Comme si, après l'île de l'oubli, la porte de l'obscurité, de la nuit, s'entrebâillait devant eux. Dans ce corridor ils vont connaître de nouvelles aventures. Ils descendent à terre. Ce petit îlot débouche sur une hauteur, qui est le promontoire de ces géants monstrueux, avec au milieu du front un œil unique, qu'on appelle les Cyclopes.

Ulysse met son bateau à l'abri dans une crique et, avec douze hommes, monte jusqu'en haut de la colline, où il a repéré une caverne et où il espère trouver de quoi se ravitailler. Ils entrent dans cette immense grotte creuse, ils y voient des claies avec du fromage et découvrent toute une culture bucolique. Il n'y a pas de céréales, mais il y a des troupeaux, des fromages, peut-être même un peu de vigne sauvage vers le bas. Naturellement, les compagnons d'Ulysse n'ont qu'une idée : rafler quelques fromages et redescendre au plus vite loin de cette énorme caverne qui ne leur dit rien qui vaille. Ils disent à Ulysse : « Partons ! » Celui-ci refuse. Il veut rester parce qu'il veut voir. Il veut connaître l'habitant de cet endroit. Ulysse est l'homme non seulement qui doit se souvenir, mais aussi l'homme qui veut voir, connaître, expérimenter tout ce que le monde peut lui offrir, et même ce monde sous-humain dans lequel il est jeté. La curiosité d'Ulysse le pousse toujours au-delà, ce qui, cette fois, risque d'entraîner sa perte. Cette curiosité va en tout cas provoquer la mort de plusieurs de ses compagnons. Le Cyclope arrive bientôt avec ses chèvres, ses moutons, son bélier, et tout ce monde entre dans la grotte.

Le Cyclope est énorme, gigantesque. Il n'aperçoit pas immédiatement ces petits bonshommes qui sont comme des puces, qui se sont dissimulés dans les encoignures de la caverne et qui tremblent de peur. Tout d'un coup, il les découvre et il s'adresse à Ulysse, qui est un peu devant, en lui demandant : « Mais qui es-tu ? » Ulysse, naturellement, lui raconte des histoires. Il lui dit – premier mensonge : « Je n'ai plus de bateau », alors que son bateau l'attend, « mon bateau a été brisé, je suis donc entièrement à ta merci, je viens implorer ici avec les miens ton hospitalité, nous sommes des Grecs, nous avons combattu vaillamment avec Agamemnon sur les rives de Troie, nous avons pris la ville et maintenant nous sommes ici de malheureux naufragés ». Le Cyclope répond : « Oui, oui, très bien, mais moi, je me fiche de toutes ces histoires. » Il attrape deux des compagnons d'Ulysse par les pieds, les frappe contre la paroi du rocher, fait éclater leur tête et les avale tout crus. Les autres marins sont glacés de terreur et Ulysse se demande dans quelle situation il s'est mis. D'autant qu'il n'y a pas d'espoir de sortir, car, pour la nuit, le Cyclope a fermé l'entrée de son antre avec un énorme rocher qu'aucun Grec, ni même une équipe importante, n'arriverait à ébranler. Le lendemain matin, le même scénario se répète, le Cyclope mange quatre autres hommes, deux le matin, puis encore deux le soir. Il en a déjà avalé six, la moitié de l'équipe. Le Cyclope est ravi. Lorsque Ulysse essaye de l'amadouer par des propos particulièrement mielleux, il s'établit entre eux une certaine forme d'hospitalité. Ulysse lui dit : « Je vais te faire un cadeau, qui, je le crois, te remplira de satisfaction. » Un dialogue naît, au cours duquel s'ébauche une relation personnelle, un rapport hospitalier.

Le Cyclope se présente, il s'appelle Polyphème. C'est un homme qui parle d'abondance et connaît une grande renommée. Il demande à Ulysse son nom. Pour établir un rapport d'hospitalité, il est d'usage que chacun dise à l'autre qui il est, d'où il vient, quels sont ses parents et sa patrie. Ulysse lui déclare se nommer *Outis*, c'est-à-dire Personne. Il lui dit : « Le nom que me donnent mes amis et mes parents, c'est Outis. » Il y a là un jeu de mots parce que les deux syllabes de *ou-tis* peuvent se remplacer par une autre façon de dire, *mè-tis*. *Ou* et *mè* sont en grec les deux formes de la négation, mais si *outis* signifie personne, *mètis* désigne la ruse. Bien entendu, quand on parle de *mètis*, on pense aussitôt à Ulysse qui est précisément le héros de la *mètis*, de la ruse, de la capacité de trouver des issues à l'inextricable, de mentir, de rouler les gens, de leur raconter des balivernes et de se tirer d'affaire au mieux. « *Outis*, Personne, s'exclame le Cyclope, puisque tu es Personne, je vais moi aussi te faire un cadeau. Je te mangerai en dernier. » Là-dessus, Ulysse lui donne son cadeau, c'est une partie de ce vin que Maron lui avait confié et qui est un nectar divin. Le Cyclope en boit, le trouve merveilleux, s'en ressert. Gavé par les fromages, par les deux marins qu'il vient d'avaler, et enivré par le vin, il s'endort.

Ulysse a le temps de faire rougir au feu un fort pieu d'olivier, qu'il a taillé en pointe. Chacun des marins survivants participe au travail de menuiserie, puis à la manœuvre qui consiste à ficher le pieu brûlant dans l'œil du Cyclope, qui se réveille en hurlant. Son œil unique est aveuglé. Le voici lui aussi livré à la nuit, à l'obscurité. Alors, naturellement, il appelle au secours, et les Cyclopes des environs accourent. Les Cyclopes vivent chacun pour soi, chacun est maître chez soi, ils ne reconnaissent ni dieux ni maîtres en dehors de ce qui est pour chacun sa maison, mais ils accourent quand même, et du dehors, puisque la grotte est fermée, ils crient : « Polyphème, Polyphème, qu'est-ce que tu as ? – Ah, c'est affreux, on m'assassine ! – Mais qui t'a fait du mal ? – Personne, *Outis* ! – Mais si personne, *mètis*, ne t'a fait de mal, pourquoi nous casses-tu les oreilles ? » Et ils s'en vont.

Par conséquent, Ulysse qui s'est escamoté, qui s'est défilé, qui s'est évanoui derrière le nom dont il s'est affublé, se trouve d'une certaine façon sauvé. Pas tout à fait puisqu'il lui faut encore sortir de l'antre condamné par un énorme rocher. Pour sortir de la caverne, il comprend que la seule façon c'est d'attacher chacun des six Grecs qui restent, avec de l'osier, sous le ventre des moutons. Lui-même s'agrippe dans la laine épaisse du bélier préféré du Cyclope. Au moment où celui-ci se met devant la porte de l'antre, quand il a déplacé la pierre qui bouchait l'entrée, il fait passer chaque bête entre ses jambes et lui palpe le dos pour être sûr qu'aucun Grec n'en profite pour se faufiler au-dehors. Il ne s'aperçoit pas que les Grecs sont cachés en dessous. Au moment où sort le bélier avec Ulysse, le Cyclope s'adresse à cette bête, qui est au fond son seul interlocuteur, pour lui dire : « Regarde dans quel état m'a mis cette épouvantable brute de Personne, je lui ferai payer cela. » Le bélier s'avance vers la sortie, et Ulysse sort en même temps.

Le Cyclope repousse la pierre, croyant que les Grecs sont restés dans l'antre, alors qu'ils sont déjà debout à l'extérieur : ils descendent à toute allure les petits chemins rocheux jusqu'à la baie où se trouve camouflé leur bateau. Ils sautent dessus, lèvent les amarres et s'éloignent de la côte. Ils aperçoivent en haut, planté au sommet du rocher à côté de sa grotte, le Cyclope qui jette vers eux d'énormes pierres en aveugle. A ce moment-là, Ulysse ne résiste pas au plaisir de la vantardise et de la vanité. Il lui crie : « Cyclope, si on te demande qui a aveuglé ton œil, dis que c'est Ulysse, fils de Laërte, Ulysse d'Ithaque, le pilleur de ville, le vainqueur de Troie, Ulysse aux mille tours. » Naturellement, quand on crache en l'air, cela vous retombe sur le nez. Car le Cyclope est fils de Poséidon, le grand dieu de tous les flots, mais aussi de tout ce qui est souterrain ; les tremblements de terre comme les tempêtes, c'est Poséidon qui les provoque. Le Cyclope profère contre Ulysse une imprécation solennelle, qui n'est valable que si on indique le nom de celui contre laquelle elle est dirigée. S'il avait dit « Personne », peut-être l'imprécation serait-elle restée sans effet, mais le Cyclope livre le nom d'Ulysse à son père Poséidon et lui demande vengeance : qu'Ulysse ne puisse pas revenir au pays d'Ithaque sans avoir enduré mille souffrances, sans que tous ses compagnons périssent, que son navire ait chaviré et l'ait laissé seul, perdu et naufragé. Si jamais Ulysse devait néanmoins s'en sortir, qu'il revienne comme un étranger, sur un navire étranger, et pas comme le navigateur attendu qui fait retour chez soi sur son propre bateau.

Poséidon entend l'imprécation de son fils. De cet épisode date sa volonté, qui domine toutes les aventures postérieures d'Ulysse, que celui-ci soit conduit à l'extrême limite des ténèbres et de la mort et que ses épreuves soient les plus terribles possible. Comme l'expliquera plus tard Athéna, la grande protectrice d'Ulysse, c'est parce que Poséidon ne peut pas accepter le mal qui a été fait à son Cyclope de fils qu'elle n'a pas pu intervenir et qu'elle n'apparaît que tout à la fin, au terme de ses errances, quand déjà il est presque rendu. Pourquoi ? Parce que le fait d'avoir jeté l'œil de Polyphème dans la nuit, de l'avoir aveuglé, a pour conséquence qu'Ulysse, à son tour, se trouve sur la voie de tout ce qui est nocturne, obscur et sinistre.

Idylle avec Circé

Le bateau s'éloigne de chez Polyphème et, de là, atteint l'île d'Éole. C'est un de ces lieux que rencontre Ulysse et que certains ont voulu localiser mais qui, justement, ont ceci de particulier qu'ils ne sont pas localisables. L'île d'Éole est complètement isolée et entourée d'une muraille de hauts rochers, comme une enceinte circulaire de bronze. C'est là que vit Éole avec sa famille sans aucun contact avec personne. Les Éoliens se reproduisent donc par des incestes, suivant un système matrimonial fermé sur lui-même. Ils sont dans une solitude totale, un isolement complet. L'île est le lieu d'aiguillage des routes maritimes, le nœud où se concentrent toutes les directions de l'espace aquatique. Éole est le maître des vents qui, suivant qu'ils soufflent d'un côté ou d'un autre, ouvrent ou ferment, et parfois brouillent et confondent les chemins de la mer. Il accueille Ulysse avec d'autant plus d'hospitalité et de gentillesse que celui-ci est un héros

de la guerre de Troie, un de ceux que chantera l'*Iliade*.
Ce que lui apporte Ulysse, c'est le récit de ce qui se
passe dans le monde, c'est la rumeur de l'univers dont
il est complètement séparé. Il est le maître des vents
mais n'a pas d'autre pouvoir. Ulysse parle, il raconte,
Éole écoute, très heureux. Au bout de quelques jours,
Éole lui dit : « Je vais te donner ce qu'il te faut pour
repartir de mon île et que tu ailles sans problèmes
dans ta navigation, droit sur Ithaque. » Il lui remet une
outre, non plus de vin comme Maron, mais où sont
enfermées les sources de tous les vents, les semences
de toutes les tempêtes. Cette outre est soigneusement
fermée, Éole a bouclé dedans l'origine, la genèse de
tous les souffles marins, sauf celui qui de son île mène
directement sur Ithaque. Il recommande à Ulysse de
ne surtout pas toucher à cette outre. Si les vents
s'échappaient, on ne contrôlerait plus ce qui pourrait
se passer. « Vois, le seul vent qui souffle maintenant
dans l'univers, c'est ce vent qui te mène de chez moi
vers Ithaque. » Ce qui reste de l'équipage reprend sa
place sur le bâtiment, et les voici partis droit vers
Ithaque.

Le soir venu, de son navire, Ulysse aperçoit dans
le lointain les côtes d'Ithaque. Il voit de ses yeux les
terres de sa patrie. Tout heureux, il s'endort. Ses paupières s'abaissent, ses yeux se ferment comme il a
fermé l'œil du Cyclope. Le voilà rendu au monde du
nocturne, de *Hypnos*, du Sommeil ; il est endormi sur
son bateau qui vogue vers Ithaque, il oublie de veiller.
Les marins, livrés à eux-mêmes, se demandent ce
qu'Éole a bien pu remettre à Ulysse dans cette outre,
sûrement des choses très précieuses. Ils veulent juste y
jeter un coup d'œil puis la refermer. Finalement, à

proximité des côtes d'Ithaque, ils ouvrent l'outre, les vents s'échappent en pagaille, la mer se soulève, les flots se déchaînent, le bateau vire de bord et refait en sens inverse le chemin qu'il vient de parcourir. Ulysse, tout dépité, se retrouve ainsi à nouveau d'où il est parti, chez Éole. Celui-ci lui demande ce qu'il fait là. « Ce n'est pas moi, je me suis endormi, j'ai eu tort, j'ai laissé la nuit du sommeil me gagner, je n'ai pas veillé, et le résultat, c'est que mes compagnons ont ouvert l'outre. » Cette fois, Éole ne lui fait pas fête. Ulysse l'implore : « Laisse-moi repartir, redonne-moi une chance. » Éole se fâche, lui dit qu'il est le dernier des derniers, qu'il n'est personne, qu'il n'est plus rien, que les dieux le haïssent. « Pour qu'une telle mésaventure te soit arrivée, il faut que tu sois maudit, je ne veux plus t'entendre. » Et voilà Ulysse et ses marins qui repartent sans avoir trouvé chez Éole l'appui qu'ils espéraient.

Alors, au cours de sa navigation, la flottille d'Ulysse parvient à un nouvel endroit qui est l'île des Lestrygons. Ils abordent là, il y a des ports bien découpés, une cité. Ulysse, toujours plus malin que les autres, au lieu d'amarrer son bateau là où s'ouvre une sorte de port naturel, décide de le placer un peu en retrait, dans une crique à l'écart. Et, comme ses aventures l'ont rendu prudent, au lieu d'aller voir lui-même, il envoie une troupe de ses marins se rendre compte de qui sont les habitants des lieux. Les marins grimpent vers la cité et rencontrent sur leur chemin une jeune fille immense, énorme, une espèce de paysanne, de matrone, beaucoup plus grande et costaude qu'eux, qui les impressionne. Elle les invite à l'accompagner. « Mon père, qui est le roi, est tout prêt à vous recevoir, il va vous donner tout ce que vous voulez. » Les marins sont fort satisfaits, encore que la taille de cette charmante personne ne laisse pas de les impressionner. Ils la trouvent un peu forte et grande. Ils arrivent devant le roi des Lestrygons qui, dès qu'il les voit, en attrape un qu'il avale. Les hommes d'Ulysse prennent leurs jambes à leur cou, et redescendent vers les navires en criant : « Sauve qui peut, disparaissons d'ici ! » Entre-temps, tous les Lestrygons, ameutés par leur roi, se sont précipités dehors. Ils aperçoivent en bas les Grecs qui s'affairent sur leurs bateaux, essayant de quitter au plus vite les lieux. Ils les pêchent comme des thons, ils les attrapent comme des poissons, et les mangent. Tous les compagnons d'Ulysse, sauf ceux qui étaient à l'écart sur le bateau qu'il avait soigneusement camouflé, tous périssent. Ulysse repart avec un seul navire et son équipage.

Ce navire solitaire va aborder dans l'île d'Aea, qui est une île méditerranéenne. Ulysse et ses compagnons trouvent un endroit pour planquer le bateau, puis s'aventurent un peu sur terre. Il y a des rochers, un bois, de la végétation. Mais les marins, comme Ulysse, sont devenus méfiants. Un d'entre eux refuse même de bouger. Ulysse encourage les autres à explorer l'île. Quelque vingt marins partent en éclaireurs et découvrent une belle maison, un palais entouré de fleurs, où tout paraît calme. La seule chose qui les inquiète un peu, qu'ils trouvent bizarre, c'est qu'aux alentours, dans les jardins, se trouve un grand nombre d'animaux sauvages, loups, lions, qui s'approchent d'eux avec beaucoup de gentillesse, se frottant presque à leurs jambes. Les marins s'étonnent, mais se disent qu'ils sont peut-être dans un monde à l'envers, un monde de nulle part où les bêtes sauvages sont apprivoisées et où ce sont les humains qui sont particulièrement meurtriers. Ils frappent à la porte et une très belle jeune femme vient leur ouvrir. Elle était en train de tisser, de filer tout en chantant d'une belle voix. Elle les fait entrer, les invite à s'asseoir, leur offre une boisson d'hospitalité. Dans cette boisson, elle verse un philtre tel que, à peine ont-ils bu une goutte du breuvage, ils sont changés en porcs. Tous, des pieds à la tête, ont pris l'aspect de cochons, ils en ont les soies, la voix, la démarche, la nourriture. Circé – tel est le nom de cette magicienne – se réjouit de voir ces porcs, nouveaux venus dans son bestiaire. Elle se hâte de les boucler dans une porcherie, où elle va leur donner la nourriture ordinaire de ces bêtes.

Ulysse et le reste de ses compagnons, qui attendent le retour des marins partis devant, commencent à s'inquiéter. Ulysse s'enfonce alors à son tour à l'intérieur de l'île pour voir s'il ne découvre pas l'un d'entre eux. Hermès, ce dieu malin et filou, lui apparaît tout d'un coup et lui explique ce qui s'est passé. « C'est une sorcière, elle a changé tes hommes en porcs, elle va sûrement vouloir t'offrir la même boisson, mais à toi, je vais donner un contrepoison qui te permettra d'échapper à la métamorphose et de demeurer toi-même. Tu resteras l'Ulysse de toujours, Ulysse en personne. » Hermès lui tend ensuite un morceau de végétal. Ulysse revient annoncer à ses compagnons sa décision d'aller là-bas, tous tentent de l'en dissuader : « N'y va pas. Si les autres ne sont pas revenus, c'est qu'ils sont morts. – Non, dit Ulysse, je vais les délivrer. » Il avale donc le contrepoison que Hermès lui a donné et se rend auprès de la magicienne. Celle-ci le fait aussitôt entrer, il a son épée à son flanc. Elle l'installe sur un beau siège doré. Lui ne fait aucune allusion à ses compagnons, et entre dans le jeu quand elle va chercher la boisson, le philtre qu'elle lui donne à boire. Ulysse boit le breuvage, elle attend, l'observe, mais il ne se transforme pas en cochon, c'est toujours Ulysse qui la regarde avec un aimable sourire, avant de sortir son épée et de sauter sur elle. Elle comprend et lui dit : « Tu es Ulysse, je savais qu'avec toi mon enchantement n'opérerait pas, que désires-tu ? – Délivre d'abord mes compagnons », demande-t-il.

Il va s'établir, dans cette espèce d'épreuve entre une magicienne qui est la tante de Médée et Ulysse – et, à travers lui, Hermès, dieu magicien et faiseur de fantasmagories –, une sorte de match et, finalement, d'accord. Ulysse et Circé vont vivre ensemble un duo d'amour très heureux. Mais d'abord, il faut aller délivrer les compagnons. Pourquoi Circé les a-t-elle changés en porcs ? A tous les voyageurs qui abordent à son île, elle réserve un sort similaire. Pourquoi ? Parce qu'elle est solitaire, et qu'elle cherche à s'entourer d'êtres vivants qui ne puissent pas s'en aller. Il est dit tout à fait clairement qu'en changeant ces voyageurs en porcs, ou en d'autres animaux, ce qu'elle souhaite, c'est qu'ils oublient le retour, leur passé, c'est qu'ils oublient d'être des hommes. C'est en effet ce qui arrive aux compagnons d'Ulysse, mais ils gardent néanmoins une certaine lucidité, ils conservent une forme d'intelligence, de sorte que, lorsqu'ils voient celui-ci, ils sont tout contents. Ils le reconnaissent. Circé les touche de sa baguette. Du coup, ils reprennent leur forme humaine et même, après avoir connu cette épreuve, ils sont beaucoup plus beaux, plus jeunes, plus agréables à voir qu'ils ne l'étaient auparavant. Ce passage par l'état de cochon a été une sorte d'initiation, comme s'il fallait mimer le chemin qui mène à la mort pour se retrouver après une telle expérience plus jeune, plus beau, plus vivant. C'est ce qui leur arrive, en même temps qu'ils redeviennent des hommes. Circé aurait pu les tuer, alors ils n'auraient plus eu le *nous*, la pensée : les morts, quant à eux, sont entièrement enveloppés de nuit ; ils n'ont plus de *nous*, à l'exception d'un seul, Tirésias, que nous allons retrouver tout à l'heure. Mais, pour les compagnons d'Ulysse, ce n'est pas tout à fait la mort, c'est une bestialisation qui les retranche du monde humain, qui leur fait oublier leur passé mais qui les revêt, lorsqu'ils en sortent, d'un nouvel éclat de jeunesse.

Par la suite Ulysse et Circé vont vivre une véritable idylle. Peut-être même ont-ils des enfants, comme certains l'affirment, mais rien de moins assuré. Simplement, ils s'aiment, font l'amour. Circé chante de sa belle voix et, naturellement, Ulysse fait venir les compagnons qui étaient restés en arrière, au départ très méfiants, mais il n'a pas trop de mal à les convaincre : « Venez, venez, vous ne risquez plus rien. » Ils demeurent là un long moment. Circé, cette magicienne qui avait le tort de transformer en porcs ou en animaux sauvages tous les hommes qu'elle voyait venir, n'est pas une ogresse ni une méchante sorcière. Quand ils sont sur place, avec elle, elle fait tout ce qu'il faut pour qu'ils soient heureux. Pourtant, les compagnons d'Ulysse, qui n'ont évidemment pas les mêmes plaisirs que leur maître puisqu'ils n'ont pas accès au lit de Circé, commencent à trouver le temps long. Lorsqu'ils rappellent à Ulysse qu'il devrait songer au retour, Circé ne proteste pas, elle n'essaie pas de le retenir. Mais elle lui dit : « Si vous voulez partir, naturellement, partez », et elle lui donne tous les renseignements dont elle peut disposer pour que leur voyage s'accomplisse d'une façon heureuse. En particulier, c'est elle qui dit à Ulysse : « Écoute, la prochaine étape de ta navigation doit te mener au pays des Cimmériens, là où le jour n'apparaît jamais, au pays de la nuit, au pays d'une brume continuelle, où s'ouvre la bouche du monde infernal. » Il ne s'agit plus seulement cette fois d'être jeté à l'extrême limite de l'humain, avec le risque d'oublier son passé et son humanité, mais d'aborder aux frontières mêmes du monde des morts. Circé explique à Ulysse le chemin qu'il doit suivre : « Tu arrêteras ton bateau à tel endroit, tu iras à pied, là tu verras une fosse, tu auras de la farine avec toi, tu prendras un bélier, tu l'égorgeras, tu répandras son sang et tu verras monter du sol la foule des *eidôla*, des doubles, des fantômes, des âmes des trépassés. Tu dois alors reconnaître et retenir celle de Tirésias, lui faire boire à lui le sang de ton bélier pour qu'il reprenne une certaine vitalité et te dise ce que tu dois faire. »

Les sans-nom, les sans-visage

En effet, Ulysse et ses compagnons repartent et se rendent là-bas. Ulysse accomplit les rites nécessaires. Il est devant la fosse, il a versé la farine, égorgé le bélier, le sang est prêt à être bu. Il voit alors venir à lui la foule de ceux qui ne sont personne, *outis*, comme il a prétendu l'être, les sans-nom, les *nônum-noi*, ceux qui n'ont plus de visage, qui ne sont plus visibles, qui ne sont plus rien. Ils forment une masse indistincte d'êtres qui ont été autrefois des individus, mais dont on ne sait plus rien. De cette masse qui défile devant lui monte une rumeur terrifiante et indistincte. Ils n'ont pas de nom, ils ne parlent pas, c'est un bruit chaotique. Ulysse est saisi d'une crainte épouvantable face à ce spectacle qui présente à ses yeux et à ses oreilles la menace d'une dissolution complète dans un magma informe, sa parole si habile noyée dans une rumeur inaudible, sa gloire, son renom, sa célébrité oubliés, au risque de se perdre dans cette nuit. Apparaît cependant Tirésias.

Ulysse le fait boire et Tirésias lui annonce qu'il retournera chez lui, où Pénélope l'attend, et lui donne aussi des nouvelles de tous. Agamemnon est mort, et Ulysse voit aussi les ombres d'un certain nombre de héros, il voit sa mère, reconnaît Achille et l'interroge. Ayant bu un peu de ce sang qui lui rend de la vitalité, Achille parle. Que dit-il, en ce moment même où tout le monde chante sa gloire, où son *kléos*, sa célébrité, brille d'une vive lumière dans le monde entier, où il est le modèle du héros et où on prétend que, même aux enfers, sa supériorité est reconnue ? Écoutons-le : « J'aimerais mieux être le dernier des paysans boueux, lamentables, dans le fumier, le plus pauvre vivant à la lumière du soleil qu'être Achille dans ce monde de ténèbres qu'est l'Hadès. » Ce que dit Achille dans l'*Odyssée*, c'est le contraire de ce que proclamait l'*Iliade* : Achille, disait-on, avait à choisir entre une vie brève et glorieuse et une vie longue mais sans gloire, et pour lui il n'y avait pas d'hésitation, de doute : il fallait choisir la vie glorieuse, la mort héroïque en pleine jeunesse, parce que la gloire d'une vie brève s'accomplissant dans une belle mort valait bien davantage que tout le reste. Maintenant il dit exactement l'inverse. Une fois qu'on est mort, si on avait encore le choix, on préférerait être un paysan pauvre et pouilleux dans les contrées les plus déshéritées de la Grèce que le grand Achille dans le monde des morts.

Ulysse entend cette confession puis repart. Il refait escale chez Circé, qui l'accueille de nouveau, le nourrit, lui et ses compagnons, lui offre du pain et du vin, puis leur indique la route à suivre. En particulier, la façon dont ils vont avoir à affronter le terrible danger des Roches errantes, les *Planctes*, ces roches qui ne sont pas fixées et qui se réunissent au moment où on passe entre elles. Pour les éviter, ils devront naviguer entre Charybde et Scylla. Charybde est un gouffre qui risque de les engloutir, et Scylla une roche qui monte vers le ciel avec un monstre qui vous attrape et vous dévore. Elle leur indique encore qu'ils vont croiser non seulement les roches géantes, avec le choix difficile entre ces deux périls, Charybde ou Scylla, mais qu'ils vont aussi croiser les Sirènes, sur leur petit îlot. Tout navire qui passe devant, et qui entend le chant des Sirènes, est perdu parce que les marins ne résistent pas au charme de ce chant et que leur bateau vient alors se fracasser sur les écueils. Ulysse, sur son vaisseau, arrive en vue du rocher où se tiennent les chanteuses.

Que fait l'ingénieux Ulysse ? Il s'est procuré de la cire et au moment où ils aperçoivent le petit îlot sur lequel sont juchées les Sirènes, qui sont des oiseauxfemmes ou des femmes-oiseaux, chanteuses à la belle voix, il bouche les oreilles de tous les membres de son équipage avec de la cire, pour qu'ils n'entendent rien, mais lui ne renonce pas à entendre. Il n'est pas seulement l'homme de la fidélité et de la mémoire mais, comme dans l'épisode du Cyclope, celui qui veut savoir, y compris ce qu'il ne doit pas connaître. Il ne veut pas passer à côté des Sirènes sans avoir entendu leur chant, sans savoir ce qu'elles chantent et comment elles le chantent. Donc, il garde les oreilles libres, mais il se fait ligoter fermement au mât de sorte à ne pas pouvoir bouger. Le navire passe et, au moment où il approche de l'île des Sirènes, tout d'un coup, c'est ce que les Grecs appellent *galènè* : un calme complet, le vent tombe, plus un bruit, le bateau demeure quasi immobile et voici que les Sirènes entonnent leur chant. Que chantent-elles ? Elles s'adressent à Ulysse comme si elles étaient des Muses, comme si elles étaient les filles de Mémoire, celles qui inspirent Homère lorsqu'il chante ses poèmes, celles qui inspirent l'aède quand il raconte les hauts faits des héros. Elles lui disent : « Ulysse, Ulysse, glorieux, Ulysse tant aimé, viens, viens, écoute-nous, nous allons tout te dire, nous allons chanter la gloire des héros, chanter ta propre gloire. »

En même temps qu'elles révèlent la Vérité avec un grand V, donc exactement tout ce qui s'est passé, en même temps l'îlot des Sirènes est entouré d'une masse de cadavres dont les chairs se décomposent au soleil, sur la grève. Ce sont tous ceux qui ont cédé à cet appel et qui sont morts. Les Sirènes sont à la fois l'appel du désir de savoir, l'attirance érotique – elles sont la séduction même –, et la mort. Ce qu'elles disent à Ulysse, d'une certaine façon, c'est ce qu'on dira de lui quand il ne sera plus là, quand il aura franchi la frontière entre le monde de la lumière et celui des ténèbres, quand il sera devenu cet Ulysse du récit que les hommes en ont fait et dont je suis en train de rappeler les aventures. Elles les lui racontent alors qu'il est encore vivant comme s'il était déjà mort, ou plutôt comme s'il se trouvait en un lieu et en un temps où la frontière entre vivants et morts, lumière de la vie et nuit du trépas, faute d'être nettement fixée, serait encore indécise, floue, franchissable. Elles l'attirent vers cette mort qui sera pour lui la consécration de sa gloire, cette mort dont Achille dit qu'il n'en voudrait plus, même si cette gloire il l'a désirée quand il était encore vivant parce que seule la mort peut apporter aux humains un renom qui ne périra pas.

Ulysse entend le chant des Sirènes tandis que le bateau passe lentement ; il se débat pour rejoindre les chanteuses, mais ses marins resserrent fortement les liens. Enfin, le navire s'éloigne à jamais des Sirènes, puis se retrouve près des roches qui se rejoignent et s'entrechoquent. Ulysse choisit plutôt Scylla que Charybde et le résultat, c'est qu'au moment où le bateau passe, un certain nombre de marins sont saisis par Scylla, avec ses six têtes, ses douze pattes de chien, et dévorés vivants. Seuls quelques-uns se tirent d'affaire, plus très nombreux. Ils arrivent un peu plus tard à une autre île, Triclaria, terre du soleil. Cette île appartient en effet au soleil, cet œil qui voit tout. Il y a là des troupeaux divins, immortels, qui ne se reproduisent pas. Le nombre en est fixe, correspondant à celui des jours de l'année. Il ne faut rien y changer ni en plus ni en moins. Ce sont toutes des bêtes superbes et l'une des révélations que Tirésias a faites à Ulysse est la suivante : « Quand tu passeras à l'île du soleil, à aucun prix, tu ne dois toucher à une des bêtes de ce troupeau sacré. Si tu n'y touches pas, alors tu as des chances de rentrer au logis. Si tu y touches, tout est perdu. » Naturellement, avant d'aborder à Triclaria, Ulysse se souvient de cette consigne et il prévient son équipage. « On va arriver là où paissent les troupeaux du soleil, mais il n'est pas question d'y porter la main. Ces bêtes sont intouchables, elles sont sacrées. Le soleil veille sur elles avec un soin jaloux. Nous allons manger nos provisions sur le navire, et nous ne nous arrêterons pas sur cette île. » Mais ses marins sont épuisés. Ils viennent de traverser de graves périls, certains de leurs compagnons y ont perdu la vie, ils sont vannés, fourbus, et ils répondent à Ulysse : « Tu es bâti en fer pour ne pas vouloir t'arrêter ! »

Euryloque prend la parole au nom de tout l'équipage et dit : « On s'arrête. – Bien, dit Ulysse, mais nous ne toucherons qu'aux provisions que Circé nous a données. » La magicienne buvait nectar et ambroisie, mais elle leur a offert le pain et le vin, les nourritures humaines. Le bateau accoste, ils descendent sur la grève et mangent leurs provisions. Le lendemain se lève un vent de tempête qui va souffler pendant des jours et des jours, de telle sorte qu'ils ne peuvent pas repartir. Ils sont bloqués sur l'île et peu à peu s'épuisent leurs réserves, leurs denrées. La faim les étreint, leur tord le ventre.

La faim est une de ces entités que le poète Hésiode mentionne parmi les enfants de la Nuit. *Limos*, Faim, fait partie de ceux que la Nuit a enfantés, en même temps que Crime, Obscurité, Oubli, Sommeil. Oubli,

Sommeil, Faim : ce sinistre trio de puissances sombres, nocturnes, est à l'affût.

Là, c'est la faim qui se déchaîne la première. Alors, on a recours à la pêche. Les marins attrapent un poisson de temps en temps, mais cela ne suffit pas ; il n'y a presque rien à manger. Ulysse, cette fois encore, s'éloigne de ses compagnons, monte au sommet de l'île pour voir ce qui semble possible et s'endort. Une fois de plus, notre Ulysse se retrouve enveloppé dans la nuit du sommeil, envoyé par les dieux. Pendant qu'il dort, la faim a le champ libre et, par la bouche d'Euryloque, elle s'adresse à tous les compagnons : « On ne va pas rester là à mourir d'inanition, regardez ces superbes vaches, dont la vue seule fait saliver. » Profitant de l'absence d'Ulysse, du fait qu'il est enfermé dans son monde nocturne, qu'il n'est plus là, vigilant, ils cernent le troupeau. Ils en sacrifient plusieurs bêtes qu'ils ont chassées. Ils les poursuivent, les coincent, les égorgent et les mettent à cuire. Ils en déposent des morceaux dans des chaudrons, en font cuire d'autres sur le feu. A ce moment, Ulysse, en haut de l'île, se réveille. Il sent une odeur de graisse et de chair grillée. Pris soudain d'une angoisse terrible, il s'adresse aux dieux : « Dieux, vous m'avez berné, vous m'avez envoyé l'obscurité de ce sommeil, qui n'était pas un doux sommeil, mais un sommeil d'oubli et de mort, et maintenant je me trouve en présence de ce crime. » Il descend, invective ses compagnons, mais ceux-ci, oublieux des consignes et de leur promesse, ne pensent qu'à manger.

Cependant, des prodiges se manifestent : ces bêtes, qui ont été coupées en morceaux et cuisinées, continuent à meugler comme si elles étaient vivantes. Elles sont mortes mais encore vivantes puisqu'elles sont immortelles. Le sacrifice a été accompli, de façon déviée et fautive, comme si c'était une chasse d'animaux sauvages, et on a ainsi confondu le sauvage et le civilisé. Maintenant, les prodiges se multiplient, mais les compagnons d'Ulysse continuent à manger, à se goinfrer, puis s'endorment. Aussitôt les vagues se calment, le vent tombe. On reprend la mer. On monte sur le bateau, et à peine le navire a-t-il quitté l'île qu'Hélios s'adresse, non plus à Poséidon cette fois, mais à Zeus pour lui dire : « Regarde ce qu'ils ont fait ! Ils ont tué mes bêtes, il faut que tu me venges. Si tu ne me venges pas, moi, Soleil, je cesserai de briller pour les dieux immortels dans l'Éther, je cesserai de briller pour les humains mortels qui voient sur la terre se succéder le jour et la nuit. J'irai briller pour ceux d'en bas, pour les morts ! Je descendrai dans l'Hadès et ma lumière illuminera les ténèbres. Et vous, vous serez dans la nuit, les dieux comme les hommes. » Zeus le dissuade. « Je me charge de tout », déclare-t-il.

Par manque de vigilance, Ulysse a laissé ses marins commettre la faute de confondre le sacré et le profane, la chasse et le sacrifice, de tout mélanger, au risque que la nuit ne soit illuminée par le soleil et que là où brille le soleil la nuit ne s'installe. Ils repartent avec le bateau, mais se sont éloignés d'à peine quelques mètres lorsque Zeus, du haut du ciel, enténèbre le ciel. Le bateau, pris soudain dans l'obscurité, les vagues se soulèvent, la foudre s'abat sur le navire, le mât se brise, fracasse dans sa chute la tête du pilote qui tombe à l'eau. L'esquif secoué, bousculé, éclate en mille morceaux. Tous les compagnons d'Ulysse se retrouvent comme changés en bêtes : semblables à des corneilles, ballottées par les flots. Ulysse, agrippé à un morceau du bateau, va alors dériver pendant neuf jours. Au bout de ce temps, les flots vont le déposer, absolument épuisé, sur un rivage qui est l'île de Calypso.

L'île de Calypso

Son navire foudroyé, éclaté, tous les marins d'Ulysse qui étaient encore en vie ont été noyés, flottant comme des corneilles ballottées par la mer. Ulysse est seul rescapé. Il s'accroche à un mât, un morceau du navire, et aussitôt le courant l'emmène en sens inverse, c'est-à-dire vers Charybde, où il se trouve dans une situation dramatique. Il réchappe quasi par miracle. Pendant neuf jours encore, seul, épuisé, il demeure dans les flots où les courants l'emmènent à leur gré, au bout du monde. C'est là, comme un navigateur naufragé, au moment de se laisser engloutir, qu'il aborde l'île de Calypso. C'est une île du bout du monde, elle n'est même pas aux confins de l'espace marin, elle est séparée et des dieux et des hommes par des immensités d'eau. Elle est nulle part. Ulysse gît épuisé, Calypso le recueille. Contrairement à ce qui s'était passé chez Circé, où ce sont les marins d'Ulysse et Ulysse lui-même qui étaient venus chez la Nymphe pour implorer son accord, cette fois c'est Calypso qui sauve Ulysse.

Il va demeurer là une éternité, cinq ans, dix ans, quinze ans, peu importe puisque le temps n'existe plus. Il est en dehors de l'espace, en dehors du temps. Chaque jour est semblable à l'autre. Il vit un face-à-face amoureux avec Calypso, dans un tête-à-tête continu, enamouré, sans contact avec qui que ce soit, sans personne d'autre, dans une solitude totale à deux. Dans un temps où il ne se passe rien, où rien ne survient et il n'y a pas d'événement, chaque jour est identique aux autres. Ulysse est hors du monde, hors du temps chez Calypso. Celle-ci est à l'égard d'Ulysse tout entière amour et pleine de sollicitude. Mais elle est aussi, comme son nom *Calypso* l'indique, qui vient du verbe grec *kaluptein*, « cacher », celle qui est cachée dans un espace en dehors de tout et aussi celle qui cache Ulysse à tous les regards.

Un paradis miniature

C'est en effet de cette façon que débute le récit d'Homère, sur l'aventure d'Ulysse. Depuis dix ans, le héros est caché chez Calypso. Il demeure avec la Nymphe, il est arrivé au bout du voyage, au bout de son odyssée. C'est là que tout se noue, que tout se joue. En effet, profitant de ce que le dieu Poséidon, qui poursuit Ulysse de son ressentiment, de sa haine, ne se doute de rien, Athéna va intervenir. Poséidon est parti chez les Éthiopiens, comme il fait souvent, pour banqueter avec ces êtres mythiques, toujours jeunes, dont se dégage une odeur de violette, qui ne connaissent pas la pourriture et n'ont même pas à travailler parce que tous les matins, dans une prairie, ils trouvent la nourriture, animale et végétale, toute prête, cuisinée comme dans un âge d'or. Ils habitent aux deux bouts du monde, à l'extrême est et à l'extrême ouest. Poséidon leur rend visite aux deux confins du monde, il mange et se réjouit avec eux. Athéna profite donc de cette occasion pour expliquer à son père Zeus que ça ne peut pas durer ainsi, que tous les héros grecs qui ne sont pas morts sur la terre troyenne ou qui n'ont pas péri en mer au retour, sont maintenant chez eux, qu'ils ont retrouvé les leurs, leur maison et leur femme. Seul entre tous, Ulysse, le pieux Ulysse, qui a avec elle des rapports privilégiés, est reclus chez cette Calypso. Devant l'insistance de sa fille Athéna et en l'absence de Poséidon, Zeus prend sa décision. Il jette les dés et les sorts : Ulysse doit rentrer. C'est vite dit, mais encore faut-il que Calypso le lâche. A Hermès de s'en charger. Il est très mécontent de cette mission : il n'a jamais mis les pieds chez Calypso, et on le comprend, puisque c'est une espèce de nulle part. Elle est loin des dieux, loin des hommes. Pour la joindre, il faut franchir une immense étendue d'eau salée et marine.

Hermès met ses sandales, il est rapide comme l'éclair, comme la pensée. En rechignant et en disant qu'il se plie à cette commission par obéissance et malgré lui, il débarque sur l'île de Calypso. Il est émerveillé de découvrir ce lieu de nulle part : cette petite île est semblable à un paradis en miniature. Il y a là des jardins, des bois, des fontaines, des sources, des fleurs, des grottes bien meublées où Calypso chante, file, tisse, fait l'amour avec Ulysse. Hermès est ébloui. Il aborde Calypso. Ils ne se sont jamais vus mais se reconnaissent. « Alors, mon cher Hermès, qu'est-ce que tu viens faire ici ? Je n'ai pas l'habitude de te rencontrer. – En effet, lui répond Hermès, si ça n'avait tenu qu'à moi, je ne serais pas venu, mais j'ai un ordre de Zeus. Les choses sont décidées, tu dois laisser partir Ulysse. Zeus pense qu'il n'y a pas de raison que seul Ulysse, parmi les héros de Troie, ne soit pas rentré chez lui. » Calypso lui réplique : « Cesse de me raconter des sornettes, je sais pourquoi vous voulez que je rende Ulysse. C'est parce que vous, les dieux, vous êtes des gens lamentables, pires que les humains, vous êtes des jaloux. L'idée qu'une déesse vive avec un mortel, c'est ce que vous ne pouvez pas supporter. L'idée que depuis des années, je sois là tranquillement avec cet homme dans mon lit, ça vous dérange. » N'ayant pas le choix, elle ajoute : « Mais bon, d'accord, je vais le renvoyer. »

Hermès repart sur l'Olympe. Dès lors, c'est le récit même qui bascule. Le parcours d'Ulysse l'éloignait du monde des hommes, le conduisait jusqu'au pays des morts, chez les Cimmériens, à l'extrême frontière du monde de la lumière, du monde des vivants. A présent il se trouve hors jeu dans cette sorte de parenthèse de divin, isolé sur l'étendue marine. Son errance s'était figée dans ce duo d'amour solitaire avec Calypso depuis près de dix ans.

Que faisait Ulysse pendant qu'Hermès entrait dans la grotte de Calypso ? Il était parti tout seul sur un promontoire, face à la mer qui moutonnait immensément devant lui, il pleurait toutes les larmes de son corps. Il se liquéfiait proprement. Tout ce qu'il avait en lui de vitalité humide lui sortait par les yeux, par la peau, il n'en pouvait plus. Pourquoi ? Parce qu'il avait au cœur le regret de sa vie passée, le regret d'Ithaque et de sa femme Pénélope. Calypso ne pouvait pas ne pas savoir qu'Ulysse pensait encore au retour, qu'il était l'homme du retour. Mais elle avait l'espoir d'arriver à lui faire « oublier le retour », à faire en sorte qu'il ne se souvienne plus de celui qu'il était auparavant. De quelle façon ? Ulysse avait été jusqu'au pays des morts, il avait entendu là, parmi les spectres, Achille lui dire combien il est terrible d'être mort, que cette espèce de fantôme sans vie et sans conscience qu'on devient, cette ombre anonyme, c'est le pire avenir qu'un homme puisse imaginer. Calypso va lui offrir, au terme de ce voyage, de ces épreuves, d'être immortel et de rester continûment jeune, de ne plus avoir à redouter la mort et le vieil âge.

En formulant cette double promesse, elle savait ce qu'elle faisait. Il y a en effet une histoire qu'elle ne pouvait ignorer, tout le monde la connaît : l'Aurore, *Éôs*, était tombée amoureuse d'un très beau jeune homme qui s'appelait Tithon. Elle l'avait enlevé pour qu'il vive avec elle et avait demandé à Zeus, sous prétexte qu'elle ne pouvait se passer de ce garçon, de lui donner l'immortalité pour n'être jamais séparée de lui. Zeus, avec un petit sourire ironique, lui avait dit : « D'accord pour l'immortalité. » Donc, dans le palais où Aurore siège sur l'Olympe, Tithon est arrivé jeune homme, avec le privilège de ne jamais devoir mourir, mais au bout d'un certain temps, il est devenu pire qu'un vieillard, parce que à cent cinquante ou deux cents ans, il est devenu comme un insecte complètement ratatiné, ne pouvant plus ni parler ni bouger, se nourrissant de rien. Un spectre vivant.

Impossible oubli

Calypso n'offre pas cela à Ulysse, elle lui offre d'être vraiment un dieu, c'est-à-dire un immortel toujours jeune. Circé, pour faire oublier le retour aux marins d'Ulysse, les avait métamorphosés en bêtes, au-dessous de l'humain. Calypso, elle, propose à Ulysse de le métamorphoser non pas en bête mais en dieu, dans le même but, afin qu'il oublie Ithaque et Pénélope. Le drame, le nœud de cette histoire, c'est qu'Ulysse se trouve devant ce dilemme. Il a vu ce qu'était la mort, il l'a vu lorsqu'il était chez les Cimmériens, à la bouche d'enfer, il l'a vu aussi auprès des Sirènes qui chantaient sa gloire, depuis leur îlot entouré de charognes. Calypso lui offre donc la non-mort et l'éternelle jeunesse, mais il y a un prix à payer pour que cette métamorphose soit accomplie. Le prix à payer, c'est qu'il reste là, qu'il oublie sa patrie. De plus, s'il demeure auprès de Calypso, il va y rester caché, et donc cesser d'être lui-même, c'est-à-dire Ulysse, le héros du retour.

Ulysse, c'est l'homme de la remembrance, prêt à accepter toutes les épreuves, toutes les souffrances pour réaliser son destin, qui est d'avoir été jeté aux frontières de l'humain et d'avoir pu, d'avoir su, d'avoir toujours voulu revenir et se retrouver lui-même. Il faudrait donc qu'il renonce à tout cela. Ce qu'on lui offre, pour un Grec, ce n'est pas l'immortalité d'Ulysse, mais une immortalité anonyme. Lorsque Athéna, déguisée en Mentor, vieil homme, vieux sage ami d'Ulysse, s'en vient à Ithaque rendre visite à Télémaque, le fils d'Ulysse, elle lui dit : « Tu sais, ton père, c'est un homme très malin, très rusé, je suis sûr qu'il va rentrer, prépare-toi, il faudra que tu l'aides. Va donc voir dans les autres cités de Grèce si on a de ses nouvelles. Ne reste pas là inactif à te lamenter, agis. » Télémaque lui répond d'abord qu'il n'est pas sûr qu'il s'agisse de son père : Pénélope, sa mère, lui a dit qu'Ulysse était son père, mais lui ne l'a jamais vu. En effet, Ulysse est parti quand Télémaque venait à peine de naître, il n'avait que quelques mois.

Or Télémaque a vingt ans et ça fait vingt ans qu'Ulysse est parti. Télémaque répond à Athéna que son père est un inconnu, et pas seulement pour lui, il est, par la volonté des dieux, l'être qui est absolument non vu, non entendu, invisible et inaudible. Il a disparu comme si les Harpies l'avaient enlevé et qu'il était effacé du monde des hommes. Personne ne sait ce qu'il est devenu, et il ajoute : « Si au moins il était mort en combattant sur la terre grecque, ou en revenant avec ses vaisseaux, ses compagnons nous l'auraient ramené et on lui aurait édifié un tertre avec un *séma*, avec une pierre tombale où son nom serait écrit. Ainsi, d'une certaine façon, il serait toujours là avec nous. En tout cas, il nous aurait légué, à moi, son fils, et à toute sa famille, une gloire impérissable, *kleos aphthiton*. Alors que maintenant il a disparu du monde, il est effacé, englouti, *akleôs*, sans gloire. » Ce que Calypso offre à Ulysse, c'est d'être immortel, éternellement jeune dans un nuage d'obscurité, sans que personne n'entende parler de lui, sans qu'aucun être humain ne prononce son nom, sans que bien entendu aucun poète ne chante sa gloire. Comme le dit Pindare dans un de ses poèmes, quand un grand exploit a été accompli, il ne faut pas qu'il reste « caché ». C'est le même verbe, *kaluptein*, qui a donné son nom à Calypso. Pour que cet exploit existe, il lui faut l'éloge poétique d'un grand aède.

Bien entendu, si Ulysse reste chez Calypso, il n'y a plus d'*Odyssée*, et par conséquent il n'y a plus d'Ulysse. Alors le dilemme est encore celui-ci : ou une immortalité anonyme, sans nom, ce qui veut dire que, tout en demeurant à jamais en vie, Ulysse se trouvera semblable aux morts de l'Hadès, qu'on appelle les sans-nom parce qu'ils ont perdu leur identité, ou, s'il fait le choix contraire, une existence mortelle, certes, mais où il se retrouvera lui-même, mémorable, couronné de gloire. Ulysse dit alors à Calypso qu'il préfère rentrer.

Il n'a plus de désir, plus d'*himéros* ni d'*éros*, à l'égard de cette nymphe bouclée avec laquelle il vit en tête-à-tête depuis dix ans. Et s'il va dormir avec elle le soir, c'est parce qu'elle le veut. Lui, il ne le veut plus. Son seul désir, c'est de retrouver sa vie mortelle, et même il désire mourir. Son *himéros* se dirige vers la vie mortelle, il souhaite achever sa vie. Calypso lui dit : « Tu es tellement attaché à Pénélope, tu préfères Pénélope à moi ? tu la trouves plus belle ? – Mais voyons, pas du tout, répond Ulysse, tu es une déesse, tu es plus belle, tu es plus grande, tu es plus merveilleuse que Pénélope, je le sais bien. Mais Pénélope, c'est Pénélope, c'est ma vie, c'est mon épouse, c'est mon pays. – Bien, dit Calypso, je comprends. » Alors elle exécute les ordres et elle l'aide à construire un radeau. Ensemble ils coupent les arbres, ils les ajustent pour former un radeau solide pourvu d'un mât. Ainsi Ulysse quitte Calypso et une nouvelle série d'aventures commence.

Nu et invisible

Il navigue sur ce radeau. Tout va bien. Après plusieurs jours de navigation, Ulysse aperçoit comme un bouclier posé sur la mer : l'île des Phéaciens. C'est à ce moment que Poséidon, qui a fini de festoyer chez les Éthiopiens, repart pour l'Olympe. Du haut du ciel, il voit un radeau sur lequel un gaillard est accroché au mât, il reconnaît Ulysse. Il entre dans une colère bleue. Il n'entendait plus parler de ce coco depuis dix ans, mais là il comprend que les dieux en ont décidé autrement, que Zeus a tranché. Il ne peut pas résister. Il foudroie de nouveau le radeau qui éclate et voici Ulysse qui nage contre des flots déchaînés, qui boit un bouillon et s'apprête à périr. A ce moment-là, fort heureusement, une autre divinité l'aperçoit, Ino Leucothée, la déesse blanche, qui apparaît parfois aux naufragés dans les grandes tempêtes et les sauve. Elle s'approche d'Ulysse et lui tend une écharpe, une ceinture, en lui disant : « Mets-la sur toi et tu ne périras pas. Mais, avant de mettre pied à terre, rejette-la. » Ulysse prend l'écharpe, nage avec difficulté, s'approche de la côte, mais à chaque tentative d'aborder le ressac l'éloigne. Finalement, il aperçoit sur la côte, un peu plus loin, une espèce de petit port, un endroit où débouche une rivière, un torrent. Là, par conséquent, les lames ne se brisent pas contre les rochers. Il nage jusque-là, c'est le soir, il n'en peut plus, il est exténué. Il rejette le talisman, avance à tâtons et s'abat un peu plus haut sur la pente, où il se dissimule sous un amas de feuillages en se demandant qui habite là, quel nouveau danger le menace. Il a décidé de ne pas fermer l'œil malgré son épuisement. Cela fait des nuits qu'il ne dort pas, il est couvert de saleté pour avoir mijoté dans la mer pendant des jours et des jours, sans pouvoir se laver. Il est couvert de sel, ses cheveux également sont sales, il est hirsute. Il s'allonge et aussitôt Athéna, qui n'était plus intervenue depuis longtemps, revient et l'endort.

Cette île, c'est donc l'île des Phéaciens, à mi-chemin entre le monde des hommes, celui d'Ithaque, de la Grèce, et un monde extraordinaire, miraculeux, où les cannibales voisinent avec les déesses. La vocation des Phéaciens est justement d'être des passeurs. Ce sont des marins qui disposent de bateaux magiques : ceux-ci naviguent tout seuls, à toute vitesse, dans toutes les directions souhaitées sans qu'on ait besoin de les diriger ni de les propulser à la rame. Ils sont un peu comme Hermès, dieu du voyage et des passages, puissance du va-et-vient d'un monde à l'autre. Cette île, de plus, n'est pas en contact direct avec l'extérieur. Les Phéaciens sont des « passeurs », mais personne ne vient chez eux, aucun étranger humain ne vient jamais là. Par contre il arrive que les dieux aillent y faire un tour en personne et s'y présentent tels qu'ils sont sans avoir besoin de se déguiser.

Ulysse est caché dans ce fourré et il dort, quand l'aube arrive. Dans le palais royal, le roi a une jeune fille, qui a quinze ou seize ans. Elle est en âge de se marier mais sans doute n'est-il pas facile de trouver en Phéacie un homme capable de répondre à ce que son père attend de son gendre. Dans la nuit elle a rêvé, c'est sans doute Athéna qui a orienté son rêve. Elle a rêvé d'un mari possible et, au matin, elle a convoqué ses servantes, qui ont accouru, elles ont ramassé tout le linge de la maison pour aller le laver aux eaux claires d'un torrent, où ensuite elles font sécher les belles étoffes, les draps et les costumes sur des rochers. Dès le matin, elles ont amené une carriole avec des bêtes de trait pour emporter tout le linge sale jusqu'au torrent. Le linge lavé, les jeunes filles s'amusent à jouer à la balle. Une des servantes maladroite rate la balle que Nausicaa lui lance et la laisse tomber dans le torrent. Les filles poussent alors des cris aigus.

Ulysse, réveillé en sursaut, sort de ses feuilles, regarde la scène. Il est nu comme un ver, affreux à voir. Comme il est inquiet, il jette des regards brillants et torves. A ce spectacle, toutes les jeunes filles se sauvent comme des oiseaux épouvantés. Toutes sauf une, Nausicaa, la plus grande, la plus belle, et qui est avec ces filles comme Artémis au milieu de ses suivantes, toujours un degré au-dessus. Nausicaa ne bronche pas. Elle reste immobile. Ulysse la voit. Elle le regarde et doit se demander quel est cet affreux bonhomme, ce monstre, mais elle ne bouge pas. Elle est la fille du roi. Alors Ulysse, affreux à voir mais agréable à entendre, parce qu'il est l'homme de la parole habile, lui demande : « Qui es-tu ? Es-tu une déesse avec ses suivantes ? Je suis un naufragé, malheureusement jeté là. Écoute, quand je te vois, je pense à ce jeune palmier que j'ai vu autrefois à Délos au cours d'un de mes voyages, ce jeune palmier svelte qui filait droit jusqu'en haut du ciel. De le voir j'étais émerveillé, je restais extasié devant lui, et toi aussi, jeune fille, tout pareil, te regardant et te voyant, je suis émerveillé. » Alors elle lui répond : « Tes paroles démentent ton aspect, tu n'as pas l'air d'un vilain, d'un *kakos*. » Elle appelle ses filles et leur demande se s'occuper de cet homme. « Donnez-lui de quoi se laver et se vêtir. » Ulysse entre dans le torrent, se débarrasse de toutes les souillures, de toute la crasse qui recouvre sa peau, se lave, met les vêtements. Cela fait, Athéna, bien entendu, répand sur lui la grâce et la beauté. Elle le rend plus beau, plus jeune, plus fort, et elle verse sur lui la *charis*, la grâce, l'éclat, le charme. Ainsi Ulysse resplendit de beauté et de séduction. Nausicaa le regarde et, en confidence, elle dit à ses servantes : « Écoutez, tout à l'heure cet homme me semblait peu convenable, peu semblable, *aeikelios*, affreux, et maintenant il est semblable, *eikelos*, aux dieux qui habitent le ciel. »

A partir de ce moment germe dans la tête de Nausicaa l'idée que cet étranger, envoyé par les dieux, est en quelque sorte disponible, que se tient devant elle la possibilité de cet époux, du mari dont elle rêvait. Quand Ulysse lui demande ce qu'il doit faire, elle lui enjoint d'aller jusqu'au palais de son père Alcinoos et de sa mère Arétè. « Tu iras là-bas en prenant certaines précautions ; moi je vais retourner au palais, je vais charger les mules avec le linge, je vais repartir avec mes femmes, mais, tu sais, il ne faut pas qu'on nous voie ensemble. D'abord ici, on ne voit pas d'étranger, tout le monde se connaît, si on remarque quelqu'un qu'on ne connaît pas, on va s'interroger, et si de plus on le voit en ma compagnie, imagine ce que l'on pourrait penser. Donc tu partiras après moi, tu vas suivre la route jusqu'à tel endroit, et puis tu rentreras dans le beau palais, entouré de merveilleux jardins qui en toute saison donnent des fleurs et des fruits. Il y a aussi un port avec de beaux bateaux. Tu entreras dans la salle et tu iras te jeter aux pieds de ma mère Arétè, tu lui embrasseras les genoux, tu lui demanderas l'hospitalité. Avant d'être parvenu au palais, tu ne t'arrêteras pas en route et tu ne parleras à personne. »

Nausicaa s'éloigne et Ulysse remarque une petite

jeune fille. C'est Athéna déguisée qui a revêtu cet aspect. Elle lui dit : « Tu vas suivre les indications de la fille du roi, mais en même temps je vais te rendre invisible afin que tu ne rencontres aucun accroc pendant ton trajet. Pendant que tu seras invisible, ne regarde toi non plus personne. Ne croise aucun regard, car pour être invisible, il ne faut pas non plus regarder autrui. »

Ulysse respecte toutes ces recommandations, arrive au palais et se jette aux pieds de la reine. Au moment de traverser la salle où se trouve réunie toute la noblesse phéacienne, il demeure invisible. Il s'approche du trône où sont assis côte à côte le roi Alcinoos et la reine Arétè. Alors seulement Athéna dissipe la nuée et, stupéfaits, les Phéaciens découvrent cet étranger étreignant les genoux de leur reine. Arétè et Alcinoos décident de l'accueillir en hôte. On donne une grande fête au cours de laquelle Ulysse manifeste des qualités athlétiques incomparables. Un des fils du roi le provoque bien un peu, mais Ulysse garde son sang-froid. Il lance le disque plus loin que l'autre et prouve ainsi qu'il est un homme de valeur, un héros. On fait chanter un aède. Ulysse est assis à côté du roi et l'aède se met à chanter la guerre de Troie. Il raconte les hauts faits et la mort d'un certain nombre des compagnons d'Ulysse. A ce moment-là, Ulysse ne peut plus se retenir, il baisse la tête, rabat son vêtement sur ses yeux pour qu'on ne voie pas qu'il pleure, mais Alcinoos s'aperçoit du manège ; il comprend que l'homme assis à ses côtés, pour être si bouleversé par ce chant, doit être un des héros achéens. Il fait arrêter le chant et, d'une certaine façon, c'est Ulysse qui prend la relève ; c'est lui qui va décliner son identité : « Je suis

Ulysse », et raconter, à la manière d'un aède, une grande partie de ses aventures.

Le roi décide de ramener Ulysse à Ithaque. Il le fait parce qu'il doit le faire, non sans tristesse car lui aussi a pensé à sa fille. Il laisse entendre à Ulysse que, s'il veut rester là, avec eux les Phéaciens, et dormir avec Nausicaa, il ferait un gendre idéal. Il prendrait la suite de la royauté phéacienne. Ulysse explique que son monde, sa vie sont à Ithaque et que, par conséquent, il faut l'aider à les retrouver. Vers le soir on rassemble divers cadeaux, on remplit un des navires phéaciens, et Ulysse monte dans le bateau. Il fait ses adieux à tous, au roi, à la reine et à Nausicaa, comme il a dit adieu à Calypso et à Circé. Le bateau vogue et va retrouver les eaux humaines. Ce navire transporte Ulysse de ce monde de nulle part où il a vécu aux frontières de l'humanité, sur les marges de la lumière et de la vie, vers sa patrie, chez lui, à Ithaque.

Un mendiant équivoque

A peine est-il sur le bateau qu'il s'endort et que le navire file tout seul. Les marins phéaciens arrivent à Ithaque sur une plage où l'on voit un olivier qui se déploie, l'entrée d'une grotte des nymphes, les hauteurs montagneuses. C'est une sorte de port naturel avec deux grandes parois rocheuses qui se font face. Les Phéaciens déposent Ulysse endormi sur le rivage, sous cet olivier, et s'en vont comme ils sont venus. Mais Poséidon, du haut du ciel, a vu comment les choses se sont passées. Il a été refait une fois encore : Ulysse est de retour. Le dieu décide de se venger des

Phéaciens. Au moment où le navire arrive devant la Phéacie, il donne un coup de son trident, le navire est changé en pierre et, enraciné dans la mer, devient un îlot rocheux. Les Phéaciens ne pourront plus servir de passeurs entre les mondes. La porte par laquelle, au début du récit, Ulysse est passé, et qu'il vient de franchir au retour, cette porte s'est refermée pour toujours. Le monde humain forme un tout et Ulysse en fait désormais partie.

Le matin, à l'aube, il se réveille et regarde ce paysage qui lui est tout à fait familier, où il a passé tout son jeune âge, et il ne reconnaît rien. En effet, Athéna a décidé qu'avant de rentrer notre héros devait être transformé de fond en comble. Pourquoi ? Parce que pendant son absence, et en particulier pendant les dix dernières années, une centaine de prétendants, considérant qu'Ulysse était mort, ou du moins disparu à jamais, vivent dans sa maison. Ils s'y retrouvent, y passent leur temps, ils y mangent, y boivent, ruinant les troupeaux, vidant les réserves de vin et de blé en attendant que Pénélope se décide pour l'un d'entre eux, ce qu'elle ne veut pas faire. Elle a employé mille ruses, elle a prétendu qu'elle ne pouvait pas se marier avant d'être sûre que son mari soit mort. Ensuite qu'elle ne pouvait pas se marier avant d'avoir préparé pour son beau-père un linceul, une toile dans laquelle on l'ensevelirait. Alors elle est dans l'appartement des femmes, cependant que les prétendants, dans la grande salle où ils festoient au banquet, couchent, le repas fini, avec celles des servantes qui ont accepté de trahir la cause de leurs maîtres. Ils font là mille autres folies.

Pénélope, dans sa chambre, tisse sa toile tout le jour, mais, le soir venu, défait tout le travail. Ainsi, pendant presque deux ans, elle a pu abuser les prétendants en arguant que l'ouvrage n'était pas achevé. Mais une des servantes a fini par révéler la vérité aux prétendants, qui exigent alors une décision de Pénélope. Naturellement, ce qu'Athéna veut donc éviter, c'est qu'Ulysse ne reproduise l'erreur d'Agamemnon, c'est-à-dire qu'il ne revienne sous sa véritable identité et ne tombe dans le traquenard que lui réservent ceux qui l'attendent. Il faut donc qu'il apparaisse déguisé, incognito. Pour ce faire, pour qu'on ne l'identifie pas, il faut aussi qu'il ne reconnaisse pas lui-même le paysage familier de sa patrie. Quand Athéna s'est manifestée à Ulysse sur la grève où on l'a débarqué, elle lui a expliqué la situation : « Il y a les prétendants, tu dois les tuer, il faut que tu trouves l'appui de ton fils Télémaque qui est rentré, d'Eumée le porcher, du bouvier Philaetios, et ainsi tu arriveras peut-être à les vaincre. Je t'aiderai, mais je dois d'abord complètement te transformer. » Comme il accepte sa proposition, elle lui fait voir Ithaque sous son vrai jour, telle qu'elle est en réalité.

La nuée se dissipe et il reconnaît sa patrie. De même qu'elle avait versé sur lui la grâce et la beauté dans sa rencontre avec Nausicaa, à présent elle verse sur lui la vieillesse et la laideur. Ses cheveux tombent, il devient chauve, sa peau se flétrit, ses yeux deviennent chassieux, il est tordu, couvert de haillons, il pue, il a en tout point l'affreuse allure d'un mendiant déjeté. Le plan d'Ulysse, c'est en effet d'aller dans son palais, de jouer les moins-que-rien, les miséreux quémandant leur nourriture, d'accepter toutes les injures qui lui seront faites et d'arriver ainsi à évaluer la situation, à se trouver des complices et à mettre la main sur son arc. Cet arc que lui seul était capable de bander, il va tâcher de se le faire donner l'air de rien à la première occasion, pour tuer avec son aide les prétendants.

Il arrive aux portes du palais, il croise le vieil Eumée, son porcher. Il lui demande qui il est et qui sont ceux qui se trouvent en la demeure. Eumée répond : « Mon maître, Ulysse, est parti il y a vingt ans, on ne sait pas ce qu'il est devenu, c'est un terrible malheur, tout croule : les prétendants sont dans les murs, la maison est ruinée, ils pillent les nourritures, les troupeaux, il faut que j'apporte tous les jours des porcelets pour qu'ils les mangent, c'est épouvantable. » Ils avancent tous deux vers l'entrée du palais et, à ce moment, Ulysse aperçoit près de la porte, sur un tas d'ordures, là où on dépose le matin toutes les saletés de la maison, un chien, Argos. Il a vingt ans, il est semblable à Ulysse, son double en chien, c'est-à-dire répugnant, pouilleux, affaibli, au point de ne presque plus pouvoir bouger. Ulysse demande à Eumée : « Ce chien, comment était-il quand il était jeune ? – Oh il était remarquable. C'était un chien de chasse, il attrapait les lièvres sans en manquer aucun, il les ramenait… – Ah, bon », dit Ulysse qui continue à avancer. Pourtant, le vieil Argos lève un peu la truffe et reconnaît son maître, mais il n'a même plus la force de se déplacer. Simplement il agite la queue, il pointe les oreilles.

Ulysse voit ce vieux chien, tout décrépit soit-il, le reconnaître, lui, à la façon dont les chiens reconnaissent : par un flair immédiat. Les humains, pour identifier Ulysse après tant d'années, tant de changements, auront besoin de *sémata*, de signes, d'indices, qui leur serviront de preuves ; ils vont réfléchir sur ces signes pour reconstruire l'identité d'Ulysse. Le chien pas du tout : du premier coup il sait que c'est Ulysse, il le flaire. En voyant son vieux chien, Ulysse est complètement bouleversé, au bord des larmes ; vite il s'éloigne. Le chien meurt, Eumée ne s'est aperçu de rien. Ils avancent. Au seuil du palais, il rencontre un autre mendiant, Iros, plus jeune que ne paraît Ulysse. Iros est le mendiant en titre, il est là depuis de longs mois, il reçoit les quolibets et les coups pendant que les prétendants festoient. Il s'adresse tout de go à Ulysse déguisé en mendiant, comme lui : « Mais qu'est-ce que tu fais là ? Fiche-moi le camp, c'est ma place, ne reste pas ici, tu n'auras rien. » Ulysse répond : « On verra bien. » Ils entrent ensemble. Les prétendants sont à table, en plein repas, les servantes leur servent à boire et à manger. Ils rient en voyant deux mendiants au lieu d'un. Iros commence à chercher querelle à Ulysse et les prétendants s'en amusent, se disant qu'Iros, étant plus jeune, va vaincre facilement l'autre, qui est vieux. Ulysse refuse d'abord la bataille, puis accepte de régler la querelle à coups de poing. Chacun regarde. Ulysse relève un peu sa tunique, et les prétendants découvrent que ce vieillard ramolli a des cuisses encore solides et que la fin du combat n'est pas si évidente. La bataille s'engage et, en moins de temps qu'il n'en faut pour le dire, Ulysse assomme Iros, sans force, au milieu des exclamations joyeuses de toute l'assistance qui crie bravo. Ulysse jette Iros en dehors du palais, mais ensuite il subit toute une série d'injures et d'humiliations : un des prétendants ne se contente pas de paroles. A travers la table, à toute volée, il lui envoie un pied de bœuf pour le blesser, il le touche à l'épaule et lui fait mal. C'est Télémaque qui calme le jeu, en déclarant : « Cet homme est mon hôte, je ne veux pas qu'il subisse d'injures ni de mauvais traitements. »

Une cicatrice signée Ulysse

Ulysse se fait reconnaître d'un certain nombre de personnes dont il veut l'appui. D'abord par Télémaque, rentré d'une expédition qu'il a conduite pour recueillir des nouvelles de son père. A son retour, il a échappé à un traquenard que les prétendants, mis au courant de son départ, lui ont tendu. Ceux-ci voulaient en profiter pour le tuer et pouvoir ensuite épouser Pénélope sans obstacle. Épouser Pénélope, c'est se mettre dans le lit d'Ulysse, la couche royale, et donc devenir souverain d'Ithaque. Prévenu par Athéna, Télémaque échappe au piège, débarque à un autre endroit que celui où il était attendu et s'en va directement chez Eumée.

Première rencontre entre Télémaque et Ulysse. Eumée part prévenir Pénélope que son fils est vivant. Ulysse et Télémaque sont seuls dans la petite cabane du porcher, Athéna surgit. Ulysse la voit, les chiens aussi flairent sa présence, ils sont terrorisés, leurs poils se hérissent, ils baissent la queue, ils se cachent sous la table. Télémaque, lui, ne voit rien. La déesse invite Ulysse à l'accompagner dehors. Elle le touche de sa baguette magique et Ulysse reprend son ancienne apparence. Il n'est plus affreux à voir, il est semblable aux dieux qui habitent le vaste ciel. Télémaque, le voyant pénétrer dans la cabane, n'en croit pas ses yeux : comment un vieux mendiant peut-il devenir un dieu ? Ulysse se fait connaître, mais son fils ne veut pas le croire sans obtenir de lui une preuve. Ulysse ne lui en donne pas, sinon qu'il le réprimande comme un père son fils. « Est-ce que ça va cesser ? Tu as ton père devant toi et tu ne le reconnais pas ? » Télémaque ne peut évidemment pas le reconnaître puisqu'il ne l'a jamais vu. « Je te dis que je suis Ulysse. » En s'imposant de cette façon, Ulysse se situe par rapport à Télémaque en position de père. Télémaque n'était jusqu'ici en position de rien, parce qu'il n'est pas encore un homme sans être non plus un enfant, parce qu'il dépend de sa mère tout en se voulant libre : il est dans une position ambiguë, mais le fait que son père soit là, ce père dont il ne savait même pas s'il était encore vivant et qui n'était peut-être pas le sien malgré ce qu'on lui avait dit – quand donc il voit son père planté devant lui en chair et en os, lui parlant comme un père à son fils, non seulement Ulysse se sent alors conforté dans son identité de père, mais Télémaque se trouve enfin confirmé dans son identité de fils. Tous deux deviennent les deux termes d'un rapport social, humain, constitutif de leur identité.

Avec l'aide d'Eumée et de Philaetios, ils vont ensuite essayer de monter l'opération de vengeance. Entre-temps, le plan d'Ulysse a failli rater. Pénélope a demandé à recevoir ce vieux mendiant dont Télémaque lui a signalé la présence et dont la nourrice, Euryclée, lui a dit que les prétendants se sont montrés très grossiers à son égard. Elle le reçoit et l'interroge comme elle le fait avec tous les voyageurs de passage pour savoir s'il n'aurait pas vu Ulysse. Naturellement, il lui raconte un de ses mensonges dont il est coutumier. « Non seulement je l'ai vu, il y a longtemps, il y a près de vingt ans, lors de son départ vers Troie, comme il passait par chez nous, mais mon frère Idoménée est parti combattre avec lui. Moi, j'étais trop jeune. Je lui ai fait plein de cadeaux. » La reine écoute ce récit en se demandant s'il est véridique ou non. « Donne-moi une preuve de ce que tu avances. Peux-tu me dire quelle robe il portait ? » Bien entendu, Ulysse décrit en détail le tissu fin, et en particulier un bijou précieux que Pénélope lui avait donné, un bijou ciselé qui représentait un faon en train de courir... Alors Pénélope se dit : « C'est bien exact, il dit vrai », et par conséquent elle a un élan d'affection pour cette vieille ruine, en se disant qu'il a quand même vu Ulysse, qu'il l'a aidé. Elle demande à la nourrice, Euryclée, de s'occuper de lui, de le baigner, de lui laver les pieds. C'est alors que la nourrice déclare à Pénélope qu'il ressemble à Ulysse, bien qu'on puisse se demander comment cela est possible après la métamorphose qu'Athéna lui a fait subir. « Il a les mêmes mains et les mêmes pieds. » Pénélope répond : « Non, pas tout à fait : il a les mains et les pieds qu'Ulysse doit avoir maintenant, après vingt ans de vieillissement et de souffrance, s'il est encore en vie. »

L'identité d'Ulysse est très problématique. Non seulement il est déguisé en mendiant, mais, comme il est parti à l'âge de vingt-cinq ans, il en a quarante-cinq à présent. Même si ses mains sont les mêmes, elles ne sont pas identiques. Il est à la fois le même et tout différent. La nourrice prétend néanmoins qu'il lui ressemble et elle dit à Ulysse : « Parmi tous les gens qui sont venus ici, les voyageurs, les mendiants, qu'on a reçus comme des hôtes, tu es quand même celui qui me rappelle le plus Ulysse. – Oui, oui, dit Ulysse, on m'a déjà dit ça. » Il pense alors qu'en lui lavant les pieds Euryclée va voir une cicatrice particulière qui risque, en dévoilant trop tôt son identité, de le mettre dans l'embarras et de faire rater son entreprise.

Car, quand Ulysse était tout jeune, quinze, seize ans, il avait été chez son grand-père maternel pour y subir son initiation de *kouros*, passer de l'état d'enfant à celui d'adulte ; il s'agissait pour le jeune garçon armé d'une lance d'affronter seul, sous le contrôle de ses cousins, un énorme sanglier et de le vaincre – ce qu'il avait fait, mais le sanglier en chargeant lui avait ouvert la cuisse à hauteur du genou. Il était revenu de là-bas tout content mais avec cette cicatrice qu'il avait montrée à tout le monde, et il avait raconté en détail comment cela s'était passé, comment on l'avait soigné, comment on lui avait fait des cadeaux. Bien entendu, Euryclée était aux premières loges puisqu'elle était la nourrice : quand le grand-père, Autolycos, était venu, naguère, à la naissance de l'enfant, elle portait le bambin sur ses genoux ; elle avait prié Autolycos de choisir un nom pour son petit-fils. C'est de là qu'Ulysse tire son nom. Comme une de ses fonctions était de laver les pieds des hôtes, Euryclée devait être experte en toute forme de pieds. Ulysse réfléchit : « Si elle voit la cicatrice, elle va comprendre. Ce sera pour elle un *séma*, le signe que je suis Ulysse, ma signature. »

Il se met donc dans un coin sombre pour qu'on n'y voie rien. La nourrice va chercher de l'eau tiède dans une bassine, elle prend le pied d'Ulysse dans l'obscurité, sa main glisse sur le genou, elle sent le bourrelet, elle regarde, laisse tomber la bassine, l'eau se répand. Elle pousse un cri. Ulysse lui met la main sur la bouche : elle a compris. Elle jette un regard vers Pénélope pour que ce regard transmette à l'épouse la nouvelle que cet homme est Ulysse. Athéna fait en sorte que Pénélope ne croise pas ce regard et qu'elle ne sache rien. « Mais, mon petit Ulysse, murmure Euryclée, comment ne t'ai-je pas reconnu tout de suite ? » Ulysse fait taire sa nourrice. Elle l'a reconnu, mais Pénélope doit demeurer dans l'ignorance. Au porcher, au bouvier, Ulysse montrera également sa cicatrice pour leur prouver qu'il est bien lui.

Bander l'arc souverain

Pénélope, sous l'influence d'Athéna, décide que le pillage de sa maison a assez duré. Elle va donc mettre sa main au concours. Pour cela, elle descend de sa chambre, encore embellie par les soins d'Athéna, pour annoncer aux prétendants et à Ulysse, tout subjugués d'admiration, qu'elle abandonne sa retraite permanente. « Celui d'entre vous qui sera capable de bander l'arc de mon mari, et de traverser la série des cibles que nous allons disposer dans la grande salle, celui-là sera mon mari et la question sera réglée ; on peut par conséquent dès maintenant préparer le mariage, c'est-à-dire décorer la maison, et préparer la fête. » Les prétendants sont ravis : chacun est convaincu qu'il arrivera à bander l'arc. Pénélope remet à Eumée l'arc et le carquois plein de flèches qu'elle a tirés de leur cachette. Elle se retire aussitôt, regagne ses appartements. Elle s'étend sur sa couche, où Athéna verse sur elle ce calme et doux sommeil auquel elle aspire.

Ulysse fait en sorte que les portes de la grande salle soient fermées pour qu'on ne puisse pas en sortir et que les prétendants n'aient pas leurs armes sur place. A ce moment commence la grande cérémonie de l'arc.

Tous s'efforcent de le bander sans y parvenir. Enfin, Antinoos, le plus assuré du succès, échoue, lui aussi. Télémaque annonce alors qu'il va tenter l'exploit, ce qui signifierait que, d'une certaine façon, il est Ulysse, que par conséquent sa mère va rester avec lui sous son autorité et ne se remariera pas. Il essaie, il est prêt de réussir, mais échoue également. Ulysse lui prend l'arc des mains et dit, toujours sous l'apparence d'un pauvre mendiant : « Je vais essayer à mon tour. » Naturellement, les prétendants l'injurient : « Tu es fou, tu as perdu la tête, tu n'imagines pas que tu vas épouser la reine ? » Pénélope réplique qu'il n'est dans son cas pas question de mariage, mais de sa seule compétence dans le tir à l'arc. Ulysse déclare qu'il ne veut évidemment pas l'épouser, mais que jadis il tirait bien et qu'il veut voir s'il en est encore capable. « Tu te moques de nous », protestent les prétendants, mais Pénélope insiste : « Non, laissez-le faire, s'il réussit, cet homme qui a vu autrefois mon mari dans sa jeunesse, je lui offrirai beaucoup de cadeaux, je l'installerai, je lui donnerai les moyens d'aller ailleurs, je le tirerai hors de sa condition misérable de mendiant, je l'établirai. » Pas un instant elle ne pense qu'il pourrait être un époux pour elle. Sans attendre elle regagne l'étage des femmes.

Ulysse prend l'arc, il le bande sans trop d'effort, lance une flèche et tue l'un des prétendants, Antinoos, à la grande stupeur de tous les autres : ils s'écrient, indignés, que ce furieux est un maladroit, un danger public, qu'il ne sait pas tirer à l'arc. Au lieu de viser la cible il a tiré sur un des hommes présents. Mais Ulysse les tue tous, aidé par Télémaque, le bouvier et le porcher. Les prétendants tentent d'en réchapper, mais tous les cent sont immolés.

La pièce est pleine de sang. Pénélope, remontée dans ses appartements, n'a rien vu, rien entendu parce que, de nouveau, Athéna l'a endormie. On expulse les cadavres des prétendants, on lave et purifie la salle, on remet tout en ordre. Ulysse se renseigne pour savoir lesquelles de ses servantes ont dormi avec les prétendants et donne l'ordre de les punir. Comme des perdrix, on les attache en cercle au plafond, et elles sont toutes pendues. La nuit tombe. Le lendemain, on fait semblant de préparer des noces pour que les parents des prétendants ne soupçonnent pas le massacre de leurs enfants. On fait comme si la maison était fermée pour cause de noce. Il y a de la musique, toute la maison résonne du bruit de la fête. Euryclée monte quatre à quatre les escaliers pour réveiller Pénélope : « Descends, les prétendants sont morts, Ulysse est en bas. » Pénélope ne peut la croire : « Si c'était une autre que toi qui me contait ces balivernes, je la jetterais dehors. Ne joue pas avec mes espoirs et ma douleur. » La nourrice insiste : « J'ai vu sa cicatrice, je l'ai reconnu, Télémaque aussi. Il a tué tous les prétendants, je ne sais pas comment, je n'étais pas là, je n'ai rien vu, j'ai entendu seulement. »

Pénélope descend avec des sentiments très mélangés. D'un côté, elle espère que c'est bien Ulysse, et en même temps elle doute qu'il puisse avoir, seul avec Télémaque, tué la centaine de jeunes guerriers qui était là. Cet homme qui serait Ulysse lui a donc raconté des mensonges quand il a prétendu avoir rencontré son époux vingt ans auparavant. Il lui a dit « des mensonges tout semblables à la réalité », aussi qu'est-ce qui prouve qu'il ne ment pas encore maintenant ? Elle arrive dans la grande salle, elle se demande si elle va courir vers lui, mais elle demeure immobile. Ulysse, sous son aspect de vieux mendiant, est en face d'elle, les yeux baissés, il ne dit pas un mot. Pénélope ne peut parler, elle se dit que ce vieillard n'a rien de commun avec son Ulysse. Elle est dans une position différente des autres. Ceux-là, avec le retour d'Ulysse, se retrouvent eux-mêmes dans un statut social défini. Télémaque avait besoin d'un père et, quand Ulysse apparaît, il redevient son fils. Le père d'Ulysse doit retrouver un fils. Comme les serviteurs le maître dont ils étaient privés, chacun avait besoin, pour être soi, de restaurer la relation sociale sur laquelle se fondait son statut. Pénélope, elle, n'a pas besoin d'un mari, ce n'est pas un époux qu'elle cherche, elle en a une centaine, qui tournent autour de ses jupes depuis des années, en prétendant à ce titre, et qui lui cassent les pieds. Elle ne veut pas un mari, elle veut Ulysse. Elle veut cet homme-là. Elle veut très exactement « l'Ulysse de sa jeunesse ». Aucun des signes qui sont convaincants aux yeux des autres, de ces signes publics que sont la cicatrice, le fait qu'il ait bandé l'arc, ne lui fournissent la preuve qu'il s'agit bien de son Ulysse. D'autres hommes pourraient présenter les mêmes signes. Elle veut Ulysse, c'est-à-dire un individu singulier, qui a été son époux par le passé et qui a disparu pendant vingt ans ; c'est ce fossé des vingt ans qui doit être comblé. Elle veut donc un signe secret que seuls lui et elle puissent connaître et il y en a un. Pénélope doit être plus rusée qu'Ulysse. Elle le sait capable de mentir, alors elle va le piéger.

Un secret partagé

Ulysse, plus tard dans la journée, a été métamorphosé par Athéna pour reprendre ses traits propres : Ulysse avec vingt ans de plus. Il se retrouve donc face à Pénélope dans toute sa beauté de héros, et celle-là n'arrive toujours pas à se décider à le reconnaître. Télémaque est furieux contre elle. Euryclée aussi. On reproche à Pénélope son cœur de pierre. Mais elle a justement ce cœur d'airain qui lui a permis de résister à tout ce que les prétendants lui ont fait subir. « Si cet homme est bien le seul et l'unique Ulysse, nous nous retrouverons parce qu'il y a entre nous un signe secret et sûr, un signe irréfutable que nous sommes, lui et moi, seuls à connaître. » Ulysse sourit, il se dit que tout va bien. Comme elle est maligne, au soir couchant, elle demande à ses servantes d'apporter le lit de sa chambre pour Ulysse parce qu'ils ne vont pas dormir ensemble. A peine a-t-elle donné ces ordres qu'Ulysse voit rouge, il rentre dans une véritable fureur : « Quoi, apporter ici le lit ? Mais ce lit, on ne devrait pas pouvoir le déplacer ! – Pourquoi ? – Parce que, s'exclame Ulysse, ce lit, c'est moi qui l'ai construit ; je ne l'ai pas dressé mobile sur quatre pieds, un de ses pieds, c'est un olivier enraciné dans la terre, c'est sur cet olivier, taillé et coupé, à partir de lui, intact dans le sol, que j'ai bâti cette couche. Elle ne peut pas bouger. » A ces mots, Pénélope tombe dans ses bras : « Tu es Ulysse. »

Ce pied de lit, bien entendu, revêt des sens multiples. Il est fixe, immuable. L'immuabilité de ce pied de lit nuptial est l'expression de l'immuabilité du secret qu'ils partagent tous deux, celle de sa vertu à elle et de son identité à lui. En même temps, ce lit où Pénélope et Ulysse se rejoignent, c'est aussi celui qui confirme et consacre le héros dans ses fonctions de roi d'Ithaque. Le lit où dorment le roi et la reine est enraciné au plus profond de la terre d'Ithaque. Il représente les droits légitimes de ce couple à régner sur cette terre et à être un roi et une reine de justice, en rapport avec la fécondité du sol et des troupeaux. Mais encore, ce signe secret, qu'ils sont seuls à partager et à conserver en mémoire en dépit des années, évoque surtout ce qui les lie et fait d'eux un couple, l'*homophrosunè*, la communauté de pensée. Quand Nausicaa s'est laissée aller à évoquer devant lui son mariage, Ulysse lui a déclaré que l'*homophrosunè* était la chose la plus importante pour un homme et pour une femme quand ils vont se marier : le fait qu'il y ait accord de pensée et de sentiment entre l'époux et l'épouse. Et c'est cela que représente le lit nuptial.

Tout pourrait paraître terminé, mais ce n'est pas tout à fait le cas. Il y a encore Laërte, le père d'Ulysse, qui n'est pas au courant du retour de son fils. Ulysse a un fils, il a sa femme, dans le regard de laquelle il lit une complète fidélité, il a des serviteurs. Avant que l'histoire ne se termine, Ulysse va rendre visite à son père. Il a abandonné sa tenue de mendiant, il veut voir si, après vingt ans, son père le reconnaîtra. Est-ce qu'Ulysse est bien lui-même après vingt ans ? Il arrive dans le jardin où son père s'est retiré, solitaire, malheureux, travaillant la terre avec deux esclaves hommes et une esclave femme. Son père Laërte est dans le même état qu'Argos sur son tas de fumier et que lui-même quand il s'est présenté en mendiant au palais.

Ulysse arrive, Laërte lui demande ce qu'il veut. Ulysse commence par débiter des mensonges : « Je suis un étranger. » Tout en parlant, il fait semblant de prendre son père pour un esclave. « Tu es vraiment sale comme un peigne, tu es vêtu de façon sordide, ta peau est dégoûtante, ton chapeau est en peau de bête comme un serviteur de bas étage peut en porter. » Laërte se fiche pas mal de ce qu'on lui dit, il n'a qu'une question en tête : ce voyageur étranger aurait-il des nouvelles de son fils ? Ulysse va donc lui raconter, selon son habitude, des histoires à dormir debout.

Laërte se met à pleurer : « Il est mort ? » et prend de la terre qu'il répand sur sa tête en poussière. En le voyant dans un tel état de détresse, Ulysse estime qu'il a assez menti : « Arrête Laërte, Ulysse, c'est moi. – Pourquoi serait-ce toi ? Donne-moi des signes. » Ulysse lui montre sa cicatrice, mais cela ne suffit pas à son père. Il raconte alors comment, du temps où il était un tout petit enfant, Laërte, dans la force de l'âge, lui a montré, nommé et donné tous les arbres qui se dressent sous leurs yeux. Il y avait treize poiriers, dix pommiers, quarante figuiers, cinquante rangs de vigne. Il raconte par le menu tout le savoir que Laërte lui a transmis pour cultiver la terre, faire pousser plantes et arbres. Le vieux Laërte en pleurs, mais de joie cette fois, tombe dans les bras d'Ulysse : lui qui était semblable à un souillon se sent redevenir le roi Laërte. Comme Ulysse s'est mis par rapport à Télémaque dans la position du père, il se met dans celle du tout petit enfant par rapport à Laërte. Le résultat ne se fait pas attendre. Laërte rentre dans la maison et, quand il en ressort, il est beau comme un dieu. Athéna a un peu arrangé les choses. Quand il réintègre la relation sociale qui l'unit à son fils, il redevient comme il était autrefois, royalement beau tel un dieu.

Le présent retrouvé

Au palais, en ville, le pied d'olivier installé au cœur de la maison dans la terre d'Ithaque, dans le jardin, à la campagne, toute cette végétation continûment entretenue, voilà qui fait le lien entre le passé et le présent. Les arbres plantés jadis ont grandi. Comme des témoins véridiques, ils marquent la continuité entre le temps où Ulysse était un petit garçon et le temps où, maintenant, il est au seuil de la vieillesse. En écoutant cette histoire, ne faisons-nous pas la même chose, ne relions-nous pas le passé, le départ d'Ulysse, au présent de son retour? Nous tissons ensemble sa séparation et ses retrouvailles avec Pénélope. D'une certaine façon, le temps par la mémoire est aboli, alors même qu'il est retracé au fil de la narration. Aboli et représenté parce que Ulysse lui-même n'a cessé de garder en mémoire le retour, parce que Pénélope n'a cessé de garder en mémoire le souvenir de l'Ulysse de sa jeunesse.

Ulysse dort avec Pénélope et c'est comme leur première nuit de noces. Ils se retrouvent en jeunes mariés. Athéna fait en sorte que le soleil arrête la course de son char pour que le jour ne se lève pas trop tôt et que l'aube tarde à paraître. Cette nuit fut la plus longue au monde. Ils se parlent, se racontent leurs aventures et leurs malheurs. Tout est à présent comme autrefois, le temps semble s'être effacé. Le lendemain, les familles des prétendants ont appris le meurtre, ils crient vengeance, une cohorte de parents, de frères, de cousins, d'alliés, les armes à la main, viennent pour combattre Ulysse, Télémaque, Laërte et leurs serviteurs fidèles. Athéna empêche l'affrontement. Il n'y aura pas de combat, la trêve, la paix, l'accord sont rétablis. A Ithaque tout est désormais comme avant, il y a un roi et une reine, il y a un fils, il y a un père, il y a des serviteurs, l'ordre est rétabli. Le chant de l'aède peut célébrer pour tous les hommes de tous les temps et dans toute sa gloire la mémoire du retour.

Dionysos à Thèbes

Dans le panthéon grec, Dionysos est un dieu à part. C'est un dieu errant, vagabond, un dieu de nulle part et de partout. En même temps, il exige d'être pleinement reconnu là où il est de passage, d'y avoir sa place, sa prééminence, et en particulier, puisqu'il y est né, il veut assurer son culte à Thèbes. Il entre dans la ville comme un personnage qui vient de loin, un étrange étranger. Il s'en revient à Thèbes comme à son lieu natal pour y être accueilli, accepté, pour y avoir en quelque sorte son siège officiel. A la fois vagabond et sédentaire, il représente, suivant la formule de Louis Gernet, parmi les dieux grecs, la figure de l'autre, de ce qui est différent, déroutant, déconcertant, anomique. Il est aussi, comme Marcel Detienne l'a écrit, un dieu épidémique. Comme une maladie contagieuse, quand il fait irruption dans quelque endroit où il est méconnu, à peine arrivé il s'impose et son culte, comme un flot, se répand.

Brusquement, l'altérité, l'autre que soi fait reconnaître sa présence dans les lieux les plus familiers. Une maladie épidémique. Errant et stable, dieu proche des hommes, qui institue avec eux des contacts d'un type différent de celui qui prévaut en général dans la religion grecque, un rapport beaucoup plus intime, plus personnalisé, plus proche, Dionysos établit avec son dévot une sorte de relation de face-à-face. Il plonge son regard dans celui de son dévot et son dévot lui-même fixe ses yeux hypnotisés sur la figure, le masque de Dionysos. En même temps qu'existe chez lui cette proximité avec les hommes, il est peut-être le dieu le plus éloigné des humains, le plus inaccessible et mystérieux, celui qu'on ne peut pas saisir, qu'on ne peut pas ranger dans un cadre. On peut dire d'Aphrodite qu'elle est la déesse de l'amour, d'Athéna qu'elle est la déesse de la guerre et du savoir, d'Héphaïstos qu'il est un dieu artisan, forgeron. Dionysos, lui, on ne peut pas l'enfermer dans une case. Il est à la fois dans aucune et dans toutes, présent et absent en même temps. Les histoires le concernant prennent un sens un peu particulier quand on réfléchit à cette tension entre le vagabondage, l'errance, le fait d'être toujours de passage, en chemin, voyageur, et le fait de vouloir un chez-soi, où l'on soit bien à sa place, établi, où l'on ait été plus qu'accepté : choisi.

Europe vagabonde

Toute l'histoire commence avec un personnage que nous avons déjà évoqué : Cadmos, premier souverain de Thèbes. Cadmos, héros fondateur de cette grande cité classique, est lui-même un étranger, un Asiatique, un Phénicien, qui vient de loin. Il est le fils d'Agénor, roi de Tyr ou de Sidon, et de Téléphassa. Ce sont des personnages du Proche-Orient, de la Syrie d'aujourd'hui. Ce couple royal, ces souverains de Tyr, ont une série de fils, Cadmos, ses frères Phoenix, Cilix, Thasos, et une fille, Europe – dont notre continent tire son nom.

Europe est une ravissante jeune vierge qui, sur le rivage marin de Tyr, joue avec ses compagnes. Zeus, du haut du ciel, la voit se baigner, peut-être nue ; elle n'est pas occupée à faire des bouquets de fleurs comme dans d'autres récits où ses homologues féminines, qui excitent le désir divin par leur beauté, cueillent des jacinthes, des lys ou des narcisses. Europe se tient sur le rivage marin, sur un espace ouvert. Zeus la voit et la convoite aussitôt. Il prend la forme d'un magnifique taureau blanc avec les cornes en forme de quart de lune. Il arrive sur le rivage et vient s'étendre aux pieds d'Europe au bord de la grève. D'abord un peu inquiète, impressionnée par ce magnifique animal, Europe peu à peu se rapproche. Par sa façon de se comporter, le taureau lui donne toutes les raisons d'être rassurée. Elle lui caresse un peu la tête, lui tape les flancs et, comme il ne bouge pas et qu'au contraire il tourne la tête un peu vers elle, c'est tout juste s'il ne lèche pas sa blanche peau, elle s'assied sur le vaste dos, elle prend en mains les cornes et voilà que le taureau s'élance, saute dans l'eau et traverse la mer.

Zeus et Europe voyageuse passent d'Asie en Crète. Là, Zeus s'unit avec Europe et, leur union consommée, il la fixe d'une certaine façon en Crète. Elle a des enfants, Rhadamante, Minos, qui vont être les souverains de la Crète. Zeus fait aux maîtres de l'île un cadeau. C'est un personnage curieux, Talos, une sorte de géant de bronze dont la fonction est de monter la garde sur la Crète, d'en faire une sorte de forteresse, d'île isolée du reste du monde, d'empêcher à la fois qu'on n'y aborde venant de l'étranger et que les insulaires ne puissent s'en échapper au-dehors. Trois fois par jour, Talos fait le tour de l'île, en veilleur, empêchant quiconque d'aborder comme de partir. Il est immortel, invincible, en fer. Il n'a qu'une faiblesse, au talon, où une sorte de veine est équipée d'une clé qui en assure la fermeture. Toute sa vigueur métallurgique s'écoulera si on ouvre cette targette. Ou bien c'est Médée, la magicienne, qui, lors de l'expédition des Argonautes, arrive par ses magies à tourner cette clé, ou bien c'est un autre héros, Héraclès, qui, parfois, d'un coup de flèche, parvient à blesser Talos en ce point vital et à le faire mourir.

Toujours est-il que, déjà avec Europe, nous sommes dans le cadre d'un enlèvement, d'un passage d'un monde à un autre et d'un effet de clôture pour cette Crète qui se referme sur elle-même. Vagabondage, peut-on même dire, plus encore que passage : quand Agénor apprend par les compagnes de la jeune fille qu'Europe a été enlevée par un taureau, il mobilise sa femme et ses fils et leur donne pour mission de retrouver leur fille et sœur. Voici donc les trois frères et la mère qui partent et qui vont à leur tour vagabonder, quitter le lieu de leur naissance, de leur famille, de leur royauté, et essaimer dans le monde entier. Au cours de ces pérégrinations incessantes, ils vont fonder une série de cités. Cadmos part avec sa mère et parvient pour finir en Thrace, toujours à la recherche de sa sœur Europe, car Agénor a prévenu ses enfants et sa femme qu'ils ne devaient pas rentrer chez eux s'ils ne ramenaient en même temps la jeune fille au palais. La mère de Cadmos, Téléphassa, va mourir en Thrace, honorée.

A ce moment, Cadmos se rend à Delphes pour savoir ce qu'il doit faire. L'oracle lui dit : « Finies les pérégrinations, il te faut t'arrêter, il faut t'installer, car tu ne retrouveras pas ta sœur. » Europe a disparu, elle est une voyageuse dont personne ne sait ce qu'elle est devenue, en réalité enfermée en Crète, mais qui le saurait en dehors de l'oracle de Delphes ? Pourtant, celui-ci précise : « Tu vas suivre une vache, elle-même voyageuse, partout où elle ira. Europe a été enlevée par un taureau voyageur, il s'est fixé. Toi, suis cette vache et, tant qu'elle marchera, tu te mettras dans sa trace, mais le jour où elle se couchera, et ne se relèvera plus, alors tu fonderas là une ville, et tu trouveras ta racine, toi, Cadmos, l'homme de Tyr. » Ainsi fait Cadmos, escorté de quelques jeunes garçons. Ils voient une vache particulièrement belle, avec des marques lunaires, qui la prédestinent à un rôle particulier. Ils suivent la bête et, à un moment donné, après avoir erré jusqu'à l'emplacement de la future Thèbes, en Béotie, cette vache s'immobilise dans un pré. La vagabonde ne bouge plus, l'errance est terminée. Cadmos comprend que c'est à cet endroit qu'il doit fonder une ville.

Étranger et autochtones

Avant de la fonder, il veut faire un sacrifice à Athéna, déesse dont il se sent proche. Pour faire un sacrifice, il faut de l'eau. Il envoie ses compagnons jusqu'à une source qu'on appelle la source d'Arès, parce que c'est ce dieu qui en est le patron, avec pour mission de remplir d'eau leurs récipients, leurs hydries. Mais cette source est gardée par un dragon, un serpent particulièrement féroce, qui met à mort tous les jeunes gens venus y puiser de l'eau. Cadmos se rend lui-même à la source et tue le dragon. Athéna lui ordonne alors de faire le sacrifice promis, puis de récolter les dents du dragon exterminé, gisant sur le sol, et de les semer dans une plaine bien plate, un *pedion*, comme s'il s'agissait de grains pour une moisson de céréales. Cadmos fait ce qui lui a été prescrit, il ramène l'eau, il sacrifie la vache à Athéna, pieusement, il va dans le plat pays et sème les dents du dragon. A peine a-t-il semé ces dents qu'aussitôt de chacune d'elles surgit un guerrier, déjà adulte, tout en armes, en tenue hoplitique, avec le casque, le bouclier, le glaive, la lance, les jambières, la cuirasse. Dès qu'ils ont surgi du sol, ils se regardent les uns les autres, se toisent, se défient comme peuvent le faire des êtres tout entiers voués au massacre, à la guerre, à la violence belliqueuse, guerriers des pieds à la tête. Cadmos comprend qu'ils risquent de se tourner contre lui. Il saisit donc une pierre et, au moment où les guerriers se défient les uns les autres du regard, la jette au milieu d'eux. Chacun croit que c'est l'autre qui a jeté la pierre, et le combat s'engage entre ces soldats. Ils s'entre-tuent, tous y passent à l'exception de cinq d'entre eux qui restent vivants. Ces guerriers, on les appelle les *Spartoi*, les Spartes, c'est-à-dire les Semés. Ils sont nés de la terre, des autochtones. Ce ne sont pas des vagabonds, ils sont enracinés dans le sol, ils représentent le lien fondamental avec cette terre thébaine et ils sont tout entiers voués à la fonction guerrière. Ils portent des noms qui disent assez ce qu'ils sont : Chthonios, Oudaios, Peloros, Hyperenor, Échion, monstrueux, terrestres, nocturnes, sombres et guerriers.

Cependant, Cadmos est l'objet de la colère et du ressentiment d'Arès pour avoir tué le dragon, dont on dit qu'il était un de ses fils. Pendant sept ans, Cadmos va être placé à son service, de même qu'Héraclès lui-même, dans d'autres circonstances, est placé au service de personnages, de héros, ou de dieux qu'il a offensés. Au bout de sept ans, il est libéré. Les dieux qui lui sont favorables, Athéna en particulier, pensent à l'installer comme souverain de Thèbes. Mais, auparavant, cet étranger doit faire souche, lui qui a suscité la venue au jour de ce que la terre de Thèbes cachait dans ses profondeurs d'enraciné et d'autochtone. Une fois encore, les dieux et les hommes se trouvent momentanément rapprochés à l'occasion du mariage de Cadmos. Celui-ci épouse une déesse, Harmonie, fille d'Aphrodite et d'Arès. Du dieu qu'il a servi en expiation, et qui veillait, pour en interdire l'accès, sur la fontaine thébaine, sur l'eau qui jaillissait du sol; le même esprit belliqueux revient et revit à travers les *Spartoi* et leur lignée de « nés de la terre », de *gégénés*.

Mais Harmonie, par sa mère Aphrodite, est la déesse de l'union, des accords, de la réconciliation. Tous les dieux viennent à la citadelle de Thèbes célébrer ces noces où la mariée est une des leurs. Ce sont les Muses qui entonnent le chant du mariage. Les dieux, selon l'usage, font des cadeaux. Certains de ces cadeaux seront des présents maléfiques et entraîneront la perte de ceux qui en hériteront. Cadmos aura plusieurs enfants dont Sémélé, Autonoé, Ino qui va épouser Athamas et qui deviendra Leucothea, la déesse marine. Il a encore une autre fille qui s'appelle Agavé. Celle-ci épousera un des Spartes, Échion, dont elle aura un fils, Penthée. Autrement dit, les débuts de Thèbes représentent un équilibre et une union entre un personnage qui vient de loin, Cadmos, qualifié par son exploit et par la volonté des dieux comme souverain, et, d'autre part, des personnages implantés dans la glèbe, surgis du sol, des autochtones, qui ont la terre de Thèbes collée à la semelle de leurs crépides et qui sont de purs guerriers. La première succession des rois de Thèbes donnera toujours le sentiment qu'entre ces deux coulées, entre ces deux formes de génération, il devrait y avoir accord, mais qu'il peut y avoir aussi des tensions, des incompréhensions, des conflits.

La cuisse utérine

Il y a donc une fille, Sémélè, qui est une ravissante créature, comme l'était Europe. Avec elle, Zeus va entretenir des relations, non pas d'un jour, mais assez durables. Cette Sémélè, qui voit Zeus s'étendre à côté d'elle chaque nuit, sous forme humaine, mais qui sait qu'il s'agit de Zeus, souhaite que le dieu lui apparaisse en personne dans tout son éclat, dans sa majesté de souverain des bienheureux immortels. Elle ne cesse de l'implorer pour qu'il se montre à elle. Bien entendu, pour les humains, même si les dieux viennent quelquefois assister à leurs noces, la prétention que ceux-ci se présentent à leurs yeux dévoilés, comme le feraient des partenaires mortels, n'est pas sans danger. Quand Zeus cède à la prière de Sémélè, et qu'il apparaît dans sa splendeur foudroyante, Sémélè est consumée par la luminosité et le flamboiement, l'éclat divin de celui qui est son amant. Elle brûle. Comme elle est déjà enceinte d'un enfant de Zeus, Dionysos, Zeus n'hésite pas une seconde, il enlève du corps de Sémélè, qui est en train de se consumer, le petit Dionysos, il se fait une entaille dans la cuisse, il s'ouvre la cuisse, il transforme sa cuisse en utérus féminin et y loge le petit Dionysos, qui est à ce moment-là un fœtus de six mois. Ainsi Dionysos sera doublement le fils de Zeus, il sera le « deux-fois-né ». Le moment venu, Zeus rouvre sa cuisse et le petit Dionysos en sort comme il a été extrait du ventre de Sémélè. L'enfant est bizarre, hors norme du point de vue divin, puisqu'il est à la fois le fils d'une mortelle et le fils de Zeus dans tout son éclat. Il est bizarre puisqu'il a été nourri en partie dans le ventre d'une femme et en partie dans la cuisse de Jupiter, la cuisse de Zeus. Dionysos aura à lutter contre la jalousie tenace d'Héra, qui ne pardonne pas facilement à Zeus ses fredaines, et qui en veut toujours aux fruits de ses amours clandestines. Un des grands soins de Zeus, c'est de soustraire Dionysos au regard d'Héra, de le confier à des nourrices qui le cachent.

A peine sera-t-il plus grand qu'il va lui aussi vagabonder et se trouver très souvent l'objet de persécutions de la part de personnages bien installés chez eux. En particulier, il lui arrive, alors qu'il est encore tout jeune, de débarquer en Thrace, avec à sa suite un cortège de jeunes Bacchantes. Le roi du pays, Lycurgue, voit d'un très mauvais œil arriver ce jeune étranger, dont on ne sait pas très bien d'où il vient, qui prétend être un dieu, et ces jeunes femmes qui délirent comme des adeptes fanatiques d'une divinité nouvelle. Lycurgue fait arrêter les Bacchantes, et les jette en prison. Déjà le pouvoir de Dionysos suffit à les faire libérer. Lycurgue poursuit le dieu et le force à s'enfuir. Divinité ambiguë, équivoque dans son aspect féminin, Dionysos meurt de peur durant la poursuite ; enfin il se jette à l'eau, échappant à Lycurgue. C'est la déesse Thétis, la future mère d'Achille, qui, dans les profondeurs marines, le cache pendant un certain temps. Quand il sort de là, après cette espèce d'initiation clandestine, il disparaît de Grèce et passe en Asie. C'est la grande conquête de l'Asie. Il parcourt tous ces territoires avec des armées de fidèles, surtout des femmes, qui n'ont pas les armes classiques du guerrier, elles combattent à coups de thyrse, c'est-à-dire avec de grandes tiges végétales pointues sur lesquelles on fixe des pommes de pin, et qui ont des pouvoirs surnaturels. Dionysos et ses sectateurs mettent en fuite toutes les armées qui s'élancent contre lui, pour bloquer son avance, en vain ; il parcourt l'Asie en vainqueur. Puis le dieu s'en revient en Grèce.

Prêtre itinérant et femmes sauvages

Ici intervient son retour à Thèbes. Lui, l'errant, le petit enfant poursuivi par la haine d'une marâtre, le jeune dieu obligé de se jeter à l'eau et de se cacher dans les profondeurs marines pour éviter la colère d'un roi thrace, le voici adulte qui revient à Thèbes. Il arrive au moment où Penthée, le fils de sa tante Agavé, sœur de Sémélè, est roi de Thèbes. Sémélè est morte. Agavé a épousé un des cinq Semés, Échion, qui est mort après lui avoir fait un fils. Ce rejeton tient son titre de roi de son grand-père maternel, Cadmos, toujours vivant, mais trop vieux pour régner. Il a hérité d'Échion son accointance avec la terre thébaine, son enracinement local, son tempérament violent, l'intransigeance et la superbe du soldat.

Dans cette ville de Thèbes, qui est comme un modèle de cité grecque archaïque, Dionysos arrive déguisé. Il ne se présente pas comme le dieu Dionysos, mais comme le prêtre du dieu. Prêtre ambulant, habillé en femme, il porte les cheveux longs sur le dos, il a tout du métèque oriental, avec des yeux sombres, l'air séducteur, beau parleur… tout ce qui peut déranger, hérisser le « Semé » du sol de Thèbes, Penthée. Tous deux sont à peu près du même âge. Penthée est un tout jeune roi, et de même ce soi-disant prêtre est un tout jeune dieu. Autour de ce prêtre gravite toute une bande de femmes jeunes et plus âgées qui sont des Lydiennes, c'est-à-dire des femmes d'Orient. L'Orient comme type physique, comme façon d'être. Dans les rues de Thèbes, elles font du vacarme, s'assoient, mangent et dorment en plein air. Penthée voit cela et entre en fureur. Que fait ici cette bande d'errants ? Il veut les chasser. Toutes les matrones thébaines que Dionysos a rendues folles, parce qu'il ne pardonne pas aux sœurs de sa mère, aux filles de Cadmos, et en particulier à Agavé, d'avoir prétendu que Sémélè n'avait jamais eu de rapports avec Zeus, qu'elle était une hystérique qui avait eu des amours on ne sait trop avec qui, qu'elle était morte dans un incendie en raison de son imprudence et que, si elle avait eu un fils, il avait disparu ; de toute façon, il ne pouvait être celui de Zeus. Toute cette partie de la saga familiale que représentait Sémélè, le fait qu'elle était restée en rapport avec le divin – même si sa faute avait été de souhaiter ce rapport trop étroit –, les Thébains le nient : ils y voient des contes à dormir debout. Il y a bien les noces de Cadmos et d'Harmonie, oui, cela a été vrai, mais il s'agissait de fonder une cité humaine organisée selon des critères proprement humains. Dionysos, lui, veut – mais d'une autre façon qu'au moment des noces de Cadmos et d'Harmonie – rétablir un lien avec le divin. Le rétablir non à l'occasion d'une fête, d'une cérémonie où les dieux s'invitent pour aussitôt s'en retourner, mais dans la vie humaine elle-même, dans la vie politique, civique de Thèbes telle qu'elle est. Il entend introduire un ferment qui ouvre une dimension nouvelle dans l'existence quotidienne de tout un chacun. Pour cela, il doit rendre folles les femmes de Thèbes, ces matrones solidement installées dans leur statut d'épouses et de mères et dont le genre de vie est aux antipodes des Lydiennes qui composent la suite de Dionysos. Ce sont ces Thébaines que le dieu a affolées de son délire.

Elles abandonnent leurs enfants, laissent là leurs travaux ménagers, elles quittent leur mari et s'en vont dans les montagnes, dans les terres en friche, dans les bois. Là, elles se promènent dans des tenues étonnantes pour des dames pleines de dignité, elles se livrent à toutes sortes de folies auxquelles les paysans assistent avec des pensées mélangées, à la fois stupéfaits, admiratifs et scandalisés. Penthée est mis au courant. Sa colère redouble. Il se tourne, pour commencer, contre les fidèles du dieu, les suivantes dévotes du dieu, tenues pour responsables du désordre féminin qui s'est répandu dans la ville. Il ordonne à sa police de mettre la main sur toutes ces Lydiennes ferventes du nouveau culte et de les jeter en prison. Ainsi font les préposés à la discipline urbaine. A peine ont-elles été mises en prison que Dionysos les délivre par magie. Les revoici de nouveau à danser, à chanter dans les rues, à faire claquer leurs crotales, à faire du bruit. Penthée décide de s'attaquer à ce prêtre itinérant, ce mendiant séducteur. Il ordonne qu'on l'arrête, qu'on le charge de fers, qu'on l'enferme dans les écuries royales avec le bétail de bovins et de chevaux. Le prêtre est emmené, sans la moindre résistance, toujours souriant, toujours calme, un peu ironique et se laissant faire. On l'emprisonne dans les écuries royales. Penthée pense que l'affaire est réglée et donne à ses hommes la consigne de s'équiper pour une expédition militaire, de partir en campagne pour chasser et ramener toutes les femmes qui se livrent là-bas à leurs excès. Les soldats se mettent en colonne par quatre, ils quittent la ville pour se répandre dans les champs et les bois et y cerner le groupe des femmes.

Pendant ce temps, Dionysos est dans son écurie. Mais tout d'un coup ses fers tombent et le palais royal s'enflamme. Les murs s'écroulent et lui sort indemne. Penthée est fortement commotionné, d'autant plus qu'au moment où ces événements se produisent et où il voit son palais se disloquer, soudain le même prêtre apparaît devant lui, toujours souriant, indemne, impeccablement mal vêtu, qui le regarde. Arrivent ses capitaines, sanguinolents, décoiffés, armures cassées. « Que vous est-il arrivé ? » On s'explique, comme au rapport : ces femmes, tant qu'on les a laissées tranquilles, elles semblaient nager dans le bonheur, elles n'étaient pas agressives ni menaçantes ; au contraire tout était, en elles, entre elles et autour d'elles, dans les prés et dans les forêts, d'une merveilleuse douceur ; on les voyait prendre dans leurs bras les petits des animaux, toutes espèces confondues, et les nourrir au sein comme leurs propres enfants, sans que jamais les bêtes sauvages qu'elles manipulaient leur fassent le moindre mal. Selon ce qu'affirmaient les paysans et ce qu'ont cru voir aussi les soldats, elles vivaient comme dans un autre monde, d'harmonie parfaite retrouvée entre tous les êtres vivants, hommes et bêtes mêlés ensemble, animaux sauvages, prédateurs, carnassiers réconciliés avec leurs proies, les côtoyant, tous s'égayant d'un même cœur, frontières abolies, dans l'amitié et la paix. La terre elle-même se mettait à l'unisson. Du sol, à peine frappé d'un thyrse, jaillissaient des fontaines d'eau pure, de lait, de vin. L'âge d'or revenu. Mais, sitôt les soldats apparus, dès que la violence guerrière s'est exercée contre elles, alors ces femmes angéliques sont devenues des furies meurtrières. Avec leurs thyrses, de nouveau, elles se sont ruées sur les soldats, elles ont enfoncé leurs rangs, elles les ont frappés, elles les ont tués, cela a été une débandade complète.

Victoire de la douceur sur la violence, des femmes sur les hommes, de la campagne sauvage sur l'ordre civique. Penthée apprend cette déroute alors que Dionysos se tient souriant devant lui. Penthée incarne l'homme grec dans un de ses aspects majeurs, convaincu que ce qui compte, c'est une certaine forme aristocratique de tenue, de contrôle de soi, de capacité de raisonner. Et encore ce sentiment qu'on se donne à soi-même de ne jamais faire ce qui est bas, de savoir se dominer, ne pas être esclave de ses désirs ni de ses passions, attitude qui implique, en contrepartie, un certain mépris des femmes, vues, au contraire, comme s'abandonnant facilement aux émotions. Enfin, le mépris aussi de tout ce qui n'est pas grec, des Barbares d'Asie, lascifs, qui ont la peau trop blanche, parce qu'ils ne vont pas s'exercer au stade, qui ne sont pas prêts à endurer les souffrances nécessaires pour parvenir à cette maîtrise de soi. Autrement dit, Penthée nourrit l'idée que le rôle d'un monarque, c'est de maintenir un ordre hiérarchique où les hommes sont à la place qui leur revient, où les femmes restent à la maison, où les étrangers ne sont pas admis et où l'Asie, l'Orient passent pour être peuplés de gens efféminés, habitués à obéir aux ordres d'un tyran, alors que la Grèce l'est d'hommes libres.

En face de Penthée, ce jeune homme est, d'une certaine façon, son portrait et son double : ils sont cousins germains, de la même famille, tous les deux natifs de Thèbes, même si l'un a derrière lui tout un passé vagabond. Ils ont le même âge. Si on enlevait à Penthée cette espèce de carapace qu'il s'est façonnée pour se sentir vraiment un homme, un *aner*, un homme qui sait ce qu'il se doit et ce qu'il doit à la communauté, toujours prêt, quand il le faut, à commander et à punir, alors on retrouverait exactement Dionysos.

« Je l'ai vu me voyant »

Dionysos, le prêtre, va agir avec une intelligence de sophiste, par des questions, des réponses ambiguës, afin d'éveiller l'intérêt de Penthée pour ce qui se passe dans un monde qu'il ne connaît pas et qu'il ne veut pas connaître, ce monde féminin déréglé. Au gynécée, on sait encore à peu près ce que les femmes font – on ne sait jamais complètement ce qu'elles fabriquent, ces diablesses, mais, en gros, on les contrôle –, tandis que là-bas, livrées à elles-mêmes, non plus dans la ville, non plus entre les temples et les rues, où tout est bien ciblé, mais là-bas, en pleine nature, sans témoin, qui sait jusqu'où elles peuvent aller. Penthée aimerait quand même le savoir. Dans ce dialogue entre Penthée et Dionysos, petit à petit, Penthée interroge : « Qui est ce dieu ? Comment le connais-tu ? Tu l'as vu ? la nuit en rêve ? – Non, non, je l'ai vu bien éveillé, répond le prêtre. Je l'ai vu me voyant. Je l'ai regardé me regardant. » Penthée se demande ce que veut dire cette formule : « Je l'ai vu me voyant. »

Cette idée du regard, de l'œil, et qu'il y a des choses que l'on peut ne pas connaître mais que l'on connaît mieux si on les voit. Peu à peu cette idée germe dans la cervelle de l'homme établi, du citadin, du monarque, du Grec. Il se dit que ce ne serait peut-être pas mauvais d'y aller voir. Il va manifester un désir qu'il ne se connaissait pas, celui d'être un voyeur. D'autant plus qu'il croit qu'en s'abandonnant au désordre dans la campagne ces femmes, qui sont les femmes de sa famille, se livrent à des orgies sexuelles ébouriffantes. Il est pudibond, il est un jeune homme sans femme, il doit se vouloir extrêmement strict sur ce terrain, mais ça le chatouille, il voudrait voir ce qui se passe là-bas. Le prêtre lui dit : « Rien de plus facile, tes soldats ont été mis en fuite parce qu'ils sont arrivés avec leurs armes et en colonnes par quatre, ils s'offraient tout bonnement à la vue de ces femmes ; toi, tu peux aller là-bas sans que personne ne te voie, secrètement, tu vas assister à leur délire, à leur folie, tu seras aux premières loges et personne ne te verra. Il suffit que tu t'habilles comme moi. » Tout d'un coup, le roi, le citoyen, le Grec, le mâle, s'habille comme le prêtre vagabond de Dionysos, il s'habille en femme, il laisse ses cheveux flotter, il se féminise, il devient semblable à cet Asiatique. A un certain moment, ils sont tous les deux face à face, ils semblent se regarder en miroir, l'un et l'autre, les yeux dans les yeux. Dionysos prend Penthée par la main et le mène jusque sur le Cithéron où se trouvent les femmes. L'un suivant l'autre, celui qui est enraciné dans la terre – l'homme de l'identité – et celui qui vient de loin – le représentant de l'autre – s'éloignent ensemble de la ville, se dirigent vers la montagne, vers les flancs du Cithéron.

Le prêtre désigne à Penthée un très haut pin en lui disant d'y monter et de se cacher dans le feuillage. De là, il pourra tout observer, il verra tout sans être vu. Penthée grimpe au sommet du pin. Perché là-haut, il attend et il voit arriver sa mère Agavé et toutes les filles de Thèbes que Dionysos a rendues folles, qui se trouvent par conséquent dans un état de délire très ambigu. Il les a rendues folles, oui, mais elles ne sont pas véritablement des adeptes du dieu. Elles ne sont pas des « converties » au dionysisme. Au contraire, Agavé et ces femmes déclarent que tout cela n'existe pas. Malgré elles, cette folie, qui n'est pas le fruit d'une conviction ou d'une conversion religieuse, présente le symptôme d'une maladie. Pour ne pas l'avoir accepté, pour n'y avoir pas cru, elles sont malades du dionysisme. Face à l'incrédulité, le dionysisme se manifeste sous la forme d'une maladie contagieuse. Dans leur folie, tantôt elles sont comme des adeptes du dieu, dans la béatitude du retour à un âge d'or, de fraternité, où tous les êtres vivants, les dieux, les hommes et les bêtes sont mêlés. Tantôt, au contraire, une rage sanguinaire s'empare d'elles ; tout comme elles ont taillé en pièces l'armée, elles peuvent aussi égorger leurs propres enfants ou faire n'importe quoi. C'est dans cet état hallucinatoire de dérangement mental, d'« épidémie dionysiaque », que se trouvent les femmes de Thèbes.

Dionysos ne s'est pas encore établi dans la ville, il n'a pas été reçu, il est toujours cet étranger qu'on regarde de travers. Penthée, juché sur le pin, voit les femmes répandues dans les bois. Elles se livrent à ces activités pacifiques qui sont les leurs tant qu'on ne les pourchasse pas, qu'on ne les persécute pas. A un moment donné, Penthée se penche un peu trop pour mieux voir, si bien que les femmes aperçoivent là-haut un espion, un guetteur, un voyeur. Elles passent à un état de fureur subite et se précipitent toutes pour essayer de faire ployer l'arbre. Elles n'y arrivent pas et s'efforcent de le déraciner. Penthée commence à se balancer dangereusement tout en haut de l'arbre et il crie : « Mère, c'est moi, c'est Penthée, attention, vous allez me faire tomber. » Mais déjà le délire les possède entièrement, et elles parviennent à faire ployer l'arbre. Penthée tombé à terre, elles se ruent sur lui et le mettent en pièces. Elles le déchirent comme dans certains sacrifices dionysiaques on déchirait la victime toute crue, vivante. De cette façon Penthée est démembré. Sa mère s'empare de la tête de son fils, la plante sur un thyrse et se promène hilare avec cette tête, qu'elle prend dans son délire pour celle d'un jeune lionceau ou d'un jeune taureau fichée au bout de son bâton. Elle est ravie. Comme elle reste jusque dans son délire dionysiaque ce qu'elle est, la fille d'Échion, une femme de lignée guerrière, elle se vante d'avoir été à la chasse avec les hommes et comme un homme, de s'être même montrée meilleure chasseresse qu'eux. Avec cette bande de femmes déchaînées, couvertes de sang, Agavé se rend auprès de Dionysos toujours déguisé en prêtre.

Là se trouvent le vieux Cadmos, fondateur de Thèbes, père d'Agavé, grand-père de Penthée, à qui il a cédé le trône, et Tirésias, vieux devin, qui représente dans la cité la sagesse médiocre du vieil âge, une sagesse un peu ritualiste. Ils ne veulent pas trop s'engager, mais, malgré tout, ni l'un ni l'autre n'éprouve cette hostilité virulente, cette haine totale à l'égard de Dionysos. Cadmos parce qu'il est Cadmos, et qu'il est le père de Sémélè, Tirésias, parce que sa fonction est d'établir le lien avec le ciel. Tous deux ressentent plutôt une fascination prudente. C'est pourquoi ils avaient décidé, malgré leur grand âge, et leur difficulté à suivre le mouvement, de revêtir eux aussi la tenue rituelle avec les vêtements flottants, et d'empoigner un thyrse, pour rejoindre les femmes dans les bois, danser avec elles, comme si les honneurs rendus au dieu ne voulaient connaître ni les différences d'âge ni celles du sexe. Ces deux vieillards sont donc présents au moment où Agavé, dans son délire, arbore la tête de Penthée au bout de son thyrse. Agavé reconnaît Cadmos et lui montre sa chasse merveilleuse, elle se vante d'être le meilleur chasseur de la ville, supérieure même aux hommes. « Regarde, j'ai chassé ces bêtes sauvages, je les ai tuées. » Horrifié devant ce spectacle, Cadmos tente peu à peu de lui faire reprendre ses esprits, et tout doucement, en l'interrogeant : « Que s'est-il passé ? Regarde cette tête de lion, regarde ces cheveux, ne les reconnais-tu pas ? » Peu à peu, Agavé sort de son délire. Lentement, des bribes de réalité réapparaissent dans cet univers onirique, à la fois sanguinaire et merveilleusement beau, dans lequel elle avait sombré. Finalement elle s'aperçoit que la tête accrochée à son thyrse est celle de son fils. Horreur !

Refus de l'autre, identité perdue

Le retour de Dionysos chez lui, à Thèbes, s'est heurté à l'incompréhension et a suscité le drame aussi longtemps que la cité est demeurée incapable d'établir le lien entre les gens du pays et l'étranger, entre les sédentaires et les voyageurs, entre sa volonté d'être toujours la même, de demeurer identique à soi, de se refuser à changer, et, d'autre part, l'étranger, le différent, l'autre. Tant qu'il n'y a pas possibilité d'ajuster ces contraires, une chose terrifiante se produit : ceux qui incarnaient l'attachement inconditionnel à l'immuable, qui proclamaient la nécessaire permanence de leurs valeurs traditionnelles face à ce qui est autre qu'eux, qui les met en question, qui les oblige à porter sur eux-mêmes un regard différent, ce sont ceux-là mêmes, les identitaires, les citoyens grecs sûrs de leur supériorité, qui basculent dans l'altérité absolue, dans l'horreur, et le monstrueux. Quant aux femmes thébaines, irréprochables dans leur comportement, modèles de réserve et de modestie dans leur vie domestique, toutes, Agavé en tête, la reine mère qui tue son fils, le dépèce, brandit sa tête comme un trophée, toutes, d'un coup, prennent la figure de la Gorgone Méduse : elles portent la mort dans leurs yeux. Penthée, lui, périt d'une manière effroyable, déchiré vivant comme un animal sauvage, lui le civilisé, le Grec toujours maître de soi, qui a cédé à la fascination de ce qu'il pensait être l'autre et qu'il condamnait. L'horreur vient se projeter sur la face du même qui n'a pas su faire sa place à l'autre.

Après ces événements, Agavé s'exile, Cadmos également, et Dionysos poursuit ses voyages à la surface de la terre, son statut au ciel assuré. Il va avoir à Thèbes même un culte, il a conquis la ville, non pas pour en chasser les autres dieux, non pas pour imposer sa religion contre les autres, mais pour qu'au centre de Thèbes, au cœur de la cité, soient représentés, par son temple, ses fêtes, son culte, le marginal, le vagabond, l'étranger, l'anomique. Comme si, dans la mesure où un groupe humain refuse de reconnaître l'autre, de lui faire sa part, c'est ce groupe lui-même qui devenait monstrueusement autre.

Le retour de Dionysos à Thèbes évoque l'accord avec le divin qui avait été scellé, de façon déjà ambiguë, dans la citadelle de la ville quand tous les dieux donnent à Cadmos Harmonie, fille d'Arès et d'Aphrodite. Il y avait là, sinon la promesse, du moins la possibilité d'un monde réconcilié et, à chaque moment aussi, l'éventualité d'une fracture, la division et le massacre. On le sait bien, ce n'est pas seulement l'histoire de Dionysos qui en fait foi, il y a encore dans la descendance de Cadmos la lignée des Labdacides pour témoigner que le meilleur et le pire peuvent être mêlés. Dans la légende des Labdacides, qui aboutit à l'histoire d'Œdipe, on trouve aussi continuellement la tension entre ceux qui sont vraiment des souverains et ceux qui, à l'intérieur même de la souveraineté, relèvent en réalité bien davantage de la lignée des Semés, des guerriers, de ces Spartes légendaires, voués à la violence et à la haine.

Œdipe à contretemps

Après la mort tragique de Penthée, le départ de Cadmos et d'Agavé, le trône et, avec lui, tout l'ordre de la cité ont été bouleversés. Qui sera roi ? Qui incarnera les vertus du souverain, sa capacité d'ordonner ? Normalement la succession doit revenir à l'autre fils de Cadmos, qui s'appelle Polydoros. Celui-ci épouse une fille d'un des Semés, de Chthonios, l'homme du terroir, du souterrain. Celle-ci porte le nom de Niktéis, la nuitée, la nocturne. Elle est la sœur, ou la proche parente, de toute une série de personnages, Niktée et Lykos (le loup) en particulier, qui se rattachent aux *gégenés*, à ces Semés qui représentent la violence guerrière.

Penthée lui-même s'inscrivait déjà dans une double origine. Par sa mère Agavé, il se rattachait à Cadmos, au souverain véritable désigné par les dieux, à celui auquel les dieux avaient donné une déesse comme épouse, pour marquer en quelque sorte la qualité de son pouvoir souverain. Par son père, Échion, il appartient aussi aux Semés. Ce nom « vipérin » fait penser tout de suite à un personnage féminin, Échidna, mi-femme, mi-serpent, sœur des Gorgones, « monstre irrésistible qui gît aux profondeurs secrètes de la terre » et qui

193

enfante, entre autres calamités, Cerbère, le chien d'Hadès, et Chimère aux trois têtes, qu'avec l'aide du cheval Pégase, Bellérophon parvient à faire périr. Penthée est donc écartelé entre la descendance souveraine de Cadmos et ces personnages nés de la terre, qui possèdent un aspect nocturne et monstrueux. Après la mort affreuse de Penthée, le trône se trouve vacant. Polydoros ne l'occupe que très peu de temps, il devrait céder le pouvoir au fils que lui a donné Niktéis, Labdacos – le boiteux –, rejeton légitime mais dont la filiation est en effet boiteuse, puisque par son père Polydoros il se rattache directement à Cadmos et à la déesse Harmonie, mais que par sa mère Niktéis il se trouve lié à ces Spartes surgis de la terre de Thèbes, tout armés dès leur naissance et faits pour guerroyer. Labdacos est trop jeune, à la mort de son père, pour assumer les fonctions royales.

Les premiers moments de cette souveraineté de Thèbes vont donc être instables, déchirés. Temps de violence, de désordre, d'usurpation, où le trône, au lieu de se transmettre de père en fils par une succession régulière et assurée, saute de main en main à travers luttes et rivalités qui opposent les Semés entre eux et au pouvoir royal légitime. Quand Labdacos à son tour disparaît, son fils, Laïos, est à peine âgé d'un an, le trône est de nouveau vacant. Ce sont Niktée et Lykos qui l'occupent. Ils vont le garder longtemps, surtout Lykos. Dix-huit années, lorsqu'un chiffre nous est donné. Pendant ce temps, le petit Laïos est hors d'état d'exercer la souveraineté.

Lykos et Niktée seront éliminés tous les deux par des personnages étrangers à Thèbes et qui se nomment Amphion et Zéthos. Le moment venu, ils céderont le trône à son détenteur légitime. En attendant, aussi longtemps que les usurpateurs réussissent à l'éloigner du pouvoir, Laïos est contraint à l'exil. Il a déjà l'âge adulte quand il trouve refuge à Corinthe, chez le roi Pélops, qui lui offre généreusement l'hospitalité et le garde auprès de lui.

Générations boiteuses

Ici se place un épisode dont les conséquences seront importantes. Laïos tombe amoureux de Chrysippe, un très beau jeune homme qui est le fils de Pélops. Il lui fait une cour assidue, il l'emmène avec lui sur son char, il se comporte comme un homme plus âgé à l'égard d'un plus jeune, il lui apprend à être un homme, mais en même temps il essaie d'avoir avec lui une relation érotique à laquelle le fils du roi se refuse. Il semble même que Laïos se soit efforcé d'obtenir par la violence ce que la séduction et le mérite n'avaient pas réussi à lui donner. On raconte aussi que Chrysippe, indigné, scandalisé, se donne la mort. Toujours est-il que Pélops lance contre Laïos une imprécation solennelle en demandant que la lignée des Labdacides ne puisse pas se perpétuer, qu'elle soit vouée à l'anéantissement.

Le nom de Labdacos signifie « le boiteux », et le nom de Laïos n'est pas transparent, il peut vouloir dire qu'il est un chef de peuple, ou qu'il est un homme « gauche ». On peut en effet remarquer que Laïos gauchit toutes ses relations, à tous égards. D'une part, du point de vue de la succession, qui devrait à travers son père Labdacos, son grand-père Polydoros, son arrière-grand-père Cadmos, lui revenir directement et le fixer à Thèbes sur le trône. Or il en a été écarté, détourné, éloigné : la succession est donc déviée. Laïos présente aussi une déviation, puisque, à l'âge où il pourrait penser à prendre une épouse, il se tourne vers ce jeune garçon. Mais, surtout, il gauchit le jeu amoureux en prétendant imposer par la violence ce que Chrysippe n'est pas prêt à lui offrir spontanément, il n'y a pas entre eux de réciprocité, de *charis*, d'échange amoureux. L'élan érotique, unilatéral, est bloqué. De plus, Laïos est l'hôte de Pélops, et cette relation d'hospitalité implique une réciprocité d'amitié, de dons et de contre-dons. Loin de payer en retour celui qui l'a accueilli, Laïos tente de prendre son fils contre son gré et provoque son suicide.

Lykos, qui exerçait le pouvoir, a été remplacé par Amphion et Zéthos : eux aussi meurent. Laïos revient à Thèbes et les Thébains sont très heureux de l'accueillir et de confier ainsi de nouveau le trône à une personne qui leur en semble digne.

Laïos épouse Jocaste. Elle aussi, dans une très large mesure, se rattache par sa filiation à Échion. Elle est l'arrière-petite-fille de celui-ci qui, comme Chthonios, représente l'hérédité nocturne et sombre. Le mariage de Laïos et de Jocaste est stérile. Laïos part à Delphes consulter l'oracle pour savoir ce qu'il doit faire pour avoir une progéniture, afin que le chemin de la souveraineté suive enfin une ligne droite. L'oracle lui répond : « Si tu as un fils, il te tuera et il couchera avec sa mère. » Laïos revient à Thèbes épouvanté. Il a avec sa femme des rapports tels qu'il est assuré qu'elle n'aura pas d'enfant, qu'elle ne tombera pas enceinte. L'histoire raconte qu'un jour où Laïos est ivre, il se laisse pourtant aller à planter dans le champ de son épouse, pour parler comme les Grecs, une semence qui va germer. Jocaste met au monde un petit garçon. Les deux époux décident d'écarter, d'interrompre cette descendance et vouent le petit enfant à la mort. Ils appellent donc un de leurs bergers qui, au cours de l'été, s'en vont sur le Cithéron faire paître les troupeaux royaux. On lui donne la mission de tuer l'enfant, de l'exposer sur la montagne pour qu'il soit dévoré par les bêtes sauvages ou par les oiseaux.

Le berger se saisit du nouveau-né et passe dans le talon de l'enfant, après y avoir fait un trou, une courroie, puis il s'en va ainsi, portant l'enfant sur son dos comme on portait alors le petit gibier. Il arrive sur la montagne avec ses troupeaux, et l'enfant lui sourit. Il hésite, va-t-il l'abandonner là ? Il pense que ce n'est pas possible. Il aperçoit un berger venu de Corinthe qui fait paître ses bêtes sur l'autre versant de la montagne. Il lui demande de prendre cet enfant qu'il ne veut pas laisser mourir. Le berger pense au roi Polybe et à la reine Périboéa qui n'ont pas d'enfant et qui en désirent un. Il leur amène donc le petit avec sa blessure au talon. Tout heureux de l'aubaine, les deux souverains l'élèvent comme si c'était leur fils. Ce rejeton, petit-fils de Labdacos, le boiteux, fils de Laïos, qui a été lui aussi écarté du pouvoir, et qui s'est détourné des voies droites des relations d'hospitalité et des relations amoureuses, ce petit garçon se trouve donc à son tour écarté de son pays, de sa terre natale, de sa dignité d'enfant royal perpétuant la dynastie des Labdacides. Il est élevé, il grandit et, quand il devient adolescent, tout le monde admire sa prestance, son courage, son intelligence. Les jeunes gens de l'élite corinthienne ne sont pas sans nourrir quelque jalousie et malveillance à son égard.

« Un fils supposé »

Même s'il ne boite pas au plein sens du terme, Œdipe garde sur son pied la marque de cet écart qu'on lui a imposé, de la distance où il se trouve par rapport au lieu où il devrait être, à ce qui constitue ses véritables origines. Il est donc lui aussi dans un état de déséquilibre. En tant que fils du roi, tout le monde voit en lui le successeur désigné de Polybe, mais il n'est pas complètement un garçon de Corinthe, on le sait aussi, on le dit secrètement. Un jour, alors qu'il se dispute avec un garçon de son âge, celui-ci lui lance : « Après tout, toi, tu es un fils supposé ! » Œdipe va voir son père et lui raconte qu'un camarade l'a appelé « fils supposé », comme s'il n'était pas vraiment son fils. Polybe le rassure comme il peut, sans lui dire formellement : « Non, pas du tout, tu es bien le fils de ta mère et de moi. » Il lui dit seulement : « Ces propos sont des bêtises, ça ne compte pas. Les gens sont envieux, ils racontent n'importe quoi. » Œdipe reste inquiet et décide alors d'aller consulter l'oracle de Delphes pour lui poser la question de sa naissance. Est-il oui ou non le fils de Polybe et de Périboéa ? L'oracle se garde bien de lui fournir une réponse aussi claire que sa question. Mais il dit : « Tu tueras ton père, tu coucheras avec ta mère. » Œdipe est horrifié et cette révélation affreuse efface sa question initiale : « Suis-je le fils véritable ? » La chose urgente qu'il doit faire, c'est s'enfuir, mettre toute la distance possible entre lui et ceux qu'il considère comme son père et sa mère. S'exiler, s'en aller, s'écarter, cheminer le plus loin possible. Le voici qui part, un peu comme Dionysos, il devient un errant. Il n'a plus de terre à ses souliers, il n'a plus de patrie. Sur son char ou à pied, il se dirige de Delphes vers Thèbes.

Il se trouve qu'au même moment la cité de Thèbes avait affaire à une pestilence terrible, et que Laïos voulait se rendre à Delphes pour demander conseil à l'oracle. Il était parti en petit équipage, sur son char, avec son cocher et un ou deux hommes. Voici donc le père et le fils – le père convaincu que son fils est mort, le fils certain que son père est un autre – cheminant en sens inverse. Ils se rencontrent à un croisement de trois chemins ; en un lieu où il n'est pas possible à deux chars de passer de front. Œdipe est sur son char, Laïos sur le sien. Laïos considère que son cortège royal a la priorité et demande donc à son cocher de faire signe à ce jeune garçon de s'écarter. « Tire-toi du chemin, laisse-nous passer », crie celui-ci à Œdipe et, d'un coup de gourdin, il frappe un des chevaux du char d'Œdipe ou peut-être même atteint-il Œdipe à l'épaule. Celui-ci, qui n'est pas commode et qui, même dans son rôle de banni volontaire, se pense comme un prince, comme un fils de roi, n'est pas du tout décidé à laisser la place à quiconque. Le coup qu'il reçoit le met en rage, et à son tour, de son bâton, il frappe le cocher, il l'étend mort, puis il s'attaque à Laïos, qui tombe à ses pieds, mort aussi, pendant qu'un des hommes de la suite royale, épouvanté, retourne à Thèbes. Œdipe, considérant qu'il ne s'agit que d'un incident de parcours, et qu'il était en état de légitime défense, poursuit ensuite sa route et son errance.

Il arrivera à Thèbes beaucoup plus tard, au moment où le malheur frappe la ville sous la forme d'un monstre, mi-femme, mi-lionne, tête de femme, seins de femme, corps et pattes de lionne, la Sphinge. Elle s'est logée aux portes de Thèbes, tantôt sur une colonne, tantôt sur un rocher plus élevé, elle prend son plaisir à poser des énigmes aux jeunes gens de la ville. Tous les ans, elle exige que lui soit envoyée l'élite de la jeunesse thébaine, les plus beaux garçons, qui doivent l'affronter. On dit parfois qu'elle veut s'unir à eux. En tout cas, elle leur soumet son énigme et, lorsqu'ils ne peuvent pas répondre, elle les met à mort. Ainsi, Thèbes voit au fil des années toute la fleur de sa jeunesse trucidée, détruite. Quand Œdipe arrive à Thèbes, il entre par une des portes, il voit tous les gens atterrés, avec des mines sinistres. Il se demande ce qui se passe. Le régent qui a pris la place de Laïos, Créon, le frère de Jocaste, se rattache lui aussi à la lignée des Semés. Il voit ce jeune homme qui a belle allure, l'air audacieux, et il se dit qu'au point où ils en sont cet inconnu est peut-être leur dernière chance de sauver la ville. Il annonce à Œdipe que, s'il arrive à vaincre ce monstre, il épousera la reine.

Sinistre audace

Depuis que Jocaste est veuve, elle incarne la souveraineté, mais c'est Créon qui a réellement le pouvoir en main. A ce titre il peut annoncer à Œdipe que, s'il vainc la Sphinge, la reine et la royauté du même coup lui reviendront. Œdipe affronte la Sphinge. Le monstre est sur son petit monticule, elle voit venir Œdipe et se dit qu'il est une belle proie. La Sphinge formule l'énigme suivante : « Quel est l'être, le seul parmi ceux qui vivent sur terre, dans les eaux, dans les airs, qui a une seule voix, une seule façon de parler, une seule nature, mais qui a deux pieds, trois pieds et quatre pieds, *dipous*, *tripous*, *tetrapous* ? » Œdipe réfléchit. Cette réflexion est peut-être facilitée pour un homme qui s'appelle Œdipe, *Oi-dipous*, « bipède », est inscrit dans son nom. Il répond : « C'est l'homme. Quand il est encore enfant, l'homme marche à quatre pattes, devenu plus âgé, il se tient debout sur ses deux jambes et, lorsqu'il est vieillard, il s'appuie sur une canne pour pallier sa démarche hésitante, oscillante. » La Sphinge, se voyant vaincue dans cette épreuve de savoir mystérieux, se jette du haut de son pilier, ou de son rocher, et meurt.

Toute la ville de Thèbes est en liesse, on fait fête à Œdipe, on le ramène en grande pompe. On lui présente Jocaste, la reine, qui sera en récompense son épouse. Œdipe devient le souverain de la ville. Il l'a mérité en faisant preuve de la plus grande sagesse, de la plus grande audace. Il est digne de la descendance de Cadmos, que les dieux avaient distingué en lui donnant comme femme une déesse, Harmonie, et en le qualifiant comme fondateur de Thèbes. Tout se passe bien pendant des années. Le couple royal donne naissance à quatre enfants : deux fils, Polynice et Étéocle, et deux filles, Ismène et Antigone. Puis une pestilence s'abat brutalement sur Thèbes. Tout paraissait heureux, normal, équilibré ; d'un coup, tout flanche, tout est sinistre. Quand les choses vont comme il faut, en ordre, tous les ans les blés repoussent, les fruits viennent sur les arbres, les troupeaux mettent bas des brebis, des chèvres, de petits veaux. Bref, la richesse de la terre thébaine se renouvelle au gré des saisons. Les femmes elles-mêmes sont prises dans ce grand mouvement de renouvellement de force vitale. Elles ont de beaux enfants, solides et sains. Brusquement, tout ce cours normal est interrompu, biaisé, devient bancal, boiteux. Les femmes accouchent de monstres ou de mort-nés, elles font des fausses couches. Les sources mêmes de la vie, corrompues, sont taries. Par-dessus le marché, une maladie frappe les hommes comme les femmes, les jeunes comme les vieux, qui meurent également. La panique est générale. Thèbes est affolée. Que se passe-t-il ? Qu'est-ce qui s'est détraqué ?

Créon décide d'envoyer à Delphes un représentant de Thèbes pour interroger l'oracle et pour connaître l'origine de cette maladie infectieuse, cette épidémie qui a frappé la ville et qui fait que plus rien n'est en ordre. Les représentants de la vitalité de Thèbes, à ses deux bouts, les plus jeunes enfants et les plus âgés des vieillards (les quatre et trois-pieds) s'en viennent devant le palais royal avec des rameaux de suppliants. Ils s'adressent à Œdipe pour lui demander de les sauver. « Sois notre sauveur ! Tu nous as épargné une première fois le désastre, délivrés de ce monstre affreux qu'était la Sphinge, sauve-nous de ce *loimos*, de cette peste qui frappe non seulement les êtres humains mais aussi la végétation et les animaux ! Comme si, dans Thèbes, le cours du renouveau se trouvait tout entier bloqué. »

Œdipe s'engage solennellement en leur déclarant qu'il va mener son enquête, comprendre les raisons du mal et vaincre ce fléau. A ce moment, l'homme de

Delphes revient. L'oracle a annoncé que le mal ne cesserait pas tant que le meurtre de Laïos ne serait pas payé. Il faut par conséquent trouver, punir, chasser définitivement de Thèbes, exclure de la terre thébaine, écarter à jamais celui qui a sur les mains le sang de Laïos. Quand Œdipe entend cela, il prend à nouveau un engagement solennel : « Je chercherai et découvrirai le coupable. » Œdipe est un homme de recherche, un interrogateur, un questionneur. De même qu'il a quitté Corinthe pour aller à l'aventure, il est aussi un homme pour qui l'aventure de la réflexion, du questionnement, est toujours à tenter. On n'arrête pas Œdipe. Il va donc mener une enquête, comme une enquête policière.

Il prend les premières mesures, il fait savoir que tous ceux qui peuvent apporter des renseignements doivent le faire, que tous ceux qui risquent de se trouver en contact avec un meurtrier présumé doivent le chasser, que le meurtrier ne peut pas rester dans Thèbes, puisque c'est de sa souillure que souffre la ville. Tant que l'assassin n'aura pas été repéré et chassé des maisons, des sanctuaires, des rues, Œdipe n'aura de cesse de le trouver. Il faut qu'il sache. Il commence l'enquête. Créon explique au peuple que Thèbes dispose d'un devin professionnel, qui sait déchiffrer le vol des oiseaux et qui, peut-être, par une inspiration divine, connaîtra la vérité : c'est le vieux Tirésias. Créon souhaite qu'on le fasse venir et qu'on l'interroge sur les événements. Celui-ci n'a pas envie de se montrer, d'être interrogé. On l'amène néanmoins sur la place publique, devant le peuple de Thèbes, devant le conseil des vieillards, devant Créon et Œdipe.

Œdipe l'interroge, mais Tirésias refuse de lui répondre. Il prétend ne rien savoir. Fureur d'Œdipe qui n'a pas un immense respect pour le devin. N'a-t-il pas été plus malin, plus savant que lui ? Par sa seule expérience, par sa seule capacité de jugement d'homme raisonnable, il a trouvé la réponse à l'énigme alors que Tirésias, avec son inspiration et les signes qu'il décrypte, était incapable de la donner. Œdipe se heurte à un mur, mais pas à un mur d'ignorance, car Tirésias se refuse à révéler ce qu'il connaît, par une sagesse divine. Il sait tout, qui a tué Laïos et qui est Œdipe, parce qu'il est en rapport avec Apollon, son maître. C'est Apollon qui a prédit : « Tu tueras ton père, tu coucheras avec ta mère. » Tirésias comprend ce que représente Œdipe dans les malheurs de Thèbes, mais il ne veut pas en souffler un mot. Il est bien décidé à ne rien dire jusqu'au moment où Œdipe, que cet entêtement rend furieux, se persuade que ce refus ne peut pas être le fruit du hasard. Tirésias et Créon doivent comploter contre lui pour le déstabiliser et prendre sa place. Il imagine que Créon s'est mis d'accord avec Tirésias, que peut-être même il a payé le devin et que le personnage envoyé à Delphes était également dans le coup.

La rage submerge Œdipe, il boite de l'esprit et proclame que Créon doit quitter la ville sur-le-champ : il le soupçonne d'avoir organisé le meurtre de Laïos. Si Créon souhaitait la mort de Laïos pour exercer la souveraineté par le biais de sa sœur Jocaste, c'est peut-être lui qui a fomenté l'attaque. Cette fois, dans Thèbes, le sommet de l'État se trouve livré aux forces de désunion, à la dispute ouverte. Œdipe veut chasser Créon, Jocaste intervient. Elle tente de rétablir l'harmonie entre les deux hommes, les deux lignées. Il n'y a pas, d'un côté, la lignée pure de Cadmos et, de l'autre, celle des Semés : les deux descendances se sont toujours mêlées. Labdacos, Laïos et Œdipe ont aussi dans leur ascendance des Semés. Quant à Jocaste, elle est issue directement de cet Échion, qui représente quelque chose de terriblement inquiétant. La ville est donc déchirée, les chefs se combattent, se haïssent, et Œdipe poursuit son enquête.

Un témoin de première main, qu'il faudrait consulter, c'est l'homme qui était présent avec Laïos au moment du drame et qui s'est sauvé. Il a raconté à son retour que, dans un guet-apens, plusieurs bandits avaient attaqué l'attelage royal en route vers Delphes, tuant Laïos et le cocher. Quand on a rapporté à Œdipe, pour la première fois, ce récit de la mort de Laïos, il a été un peu troublé dans son rôle de juge d'instruction : on lui a expliqué que l'affaire s'était déroulée à un carrefour de trois routes dans un chemin étroit, près de Delphes ; ce carrefour, ce chemin étroit, il ne les connaît que trop. Ce qui le rassure, c'est que, s'il ignore qui il a tué, il sait qu'il était seul à agir tandis que « ce sont *des* bandits qui ont attaqué Laïos ». Il suit un raisonnement très simple : « Des bandits... donc ce n'est pas moi. Il y a deux histoires différentes. Moi, j'ai rencontré un homme sur son char qui m'a frappé, puis il y a eu le char de Laïos qui a été attaqué par des bandits, ce sont deux histoires totalement différentes. »

Œdipe veut donc faire venir pour l'entendre le personnage qui était présent au moment des faits et s'inquiète de ce qu'il est devenu. On lui répond que cet homme, une fois rentré à Thèbes, n'a pratiquement plus mis les pieds en ville, il s'est retiré à la campagne et on ne le voit plus. Bizarre. Il faut le faire venir et lui poser la question des conditions dans lesquelles l'attaque a eu lieu. On fait venir ce malheureux servi-teur de Laïos. Œdipe le cuisine, dans son rôle de juge d'instruction, mais cet homme n'est pas plus loquace que Tirésias. Œdipe a le plus grand mal à lui extorquer quelque renseignement, il le menace même de la torture pour le faire parler.

On voit à ce moment arriver à Thèbes un étranger venu de Corinthe, ayant fait une longue route. Devant Jocaste et Œdipe, il arrive, salue, demande où est le roi du pays. Il vient lui annoncer une triste nouvelle : son père et sa mère, le roi et la reine de Corinthe, sont morts. Douleur d'Œdipe, qui se trouve orphelin. Dou-leur mitigée d'une certaine joie, parce que, si Polybe est mort, Œdipe ne pourra pas tuer son père, puisqu'il est défunt. Il ne pourra pas non plus coucher avec sa mère puisqu'elle est déjà morte. Cet homme à la pensée très dégagée, très libre, n'est pas mécontent de voir que l'oracle ne s'est pas trouvé vrai. Devant ce porteur de mauvaises nouvelles, qui attend peut-être d'Œdipe qu'il retourne à Corinthe pour y assurer la royauté comme il était prévu, Œdipe se justifie : il lui avait bien fallu quit-ter Corinthe puisqu'on lui avait prédit qu'il tuerait son père et coucherait avec sa mère. Le messager réplique : « Tu avais bien tort de t'en faire : Polybe et Périboéa ne sont pas ton père et ta mère. » Stupeur d'Œdipe qui se demande ce que tout cela signifie.

« Tes parents n'étaient pas tes parents »

Jocaste entend le messager exposer qu'Œdipe était un enfant nouveau-né amené au palais, adopté dès ses premiers jours par le roi et la reine de Corinthe. Il n'était pas le fils de leurs entrailles, mais ils avaient voulu que Corinthe soit sa ville. Jocaste est prise d'un éblouissement sinistre. Si elle n'avait pas déjà en partie deviné, tout est clair à présent pour elle. Elle quitte le lieu du débat et entre dans le palais. « D'où sais-tu cela ? » demande Œdipe au messager. « Je le sais, répond-il, parce que c'est moi-même qui ai remis cet enfant à mes maîtres. Je t'ai remis, toi, l'enfant au talon percé. – Qui avait donné l'enfant ? » demande Œdipe. Le messager reconnaît parmi l'assistance le vieux berger qui gardait autrefois les troupeaux de Laïos et de Jocaste, celui qui lui a confié le nouveau-né. Œdipe s'affole. Le berger nie. Les deux hommes discutent : « Mais tu te rappelles bien, nous étions avec nos troupeaux sur le mont Cithéron et c'est bien toi qui m'as remis l'enfant. » Œdipe sent que les choses prennent une tournure terrifiante. Il pense un instant qu'il n'était peut-être qu'un enfant trouvé, le fils d'une Nymphe ou d'une déesse, exposé là, ce qui expliquerait le destin exceptionnel qui a été le sien. Il a encore un fol espoir, mais, pour les vieillards assemblés, la vérité se fait jour. Œdipe s'adresse au berger de Laïos et l'exhorte à dire la vérité.

« Cet enfant, d'où le tenais-tu ?
– Du palais.
– Qui te l'avait donné ?
– Jocaste. »

A ce moment-là, il n'y a plus l'ombre d'un doute. Œdipe comprend. Comme un fou, il se précipite vers le palais pour voir Jocaste. Elle s'est pendue avec sa ceinture au plafond. Il la trouve morte. Avec les agrafes de sa robe, Œdipe se déchire les yeux, il s'ensanglante les deux globes oculaires.

Enfant légitime d'une lignée royale et maudite, écarté puis revenu à son lieu d'origine, revenu non pas suivant un parcours régulier et en ligne droite, mais après avoir été dévié et détourné, il ne peut plus voir la lumière, il ne peut plus voir le visage de quiconque. Il voudrait même que ses oreilles aussi soient sourdes. Il voudrait être muré dans une solitude totale parce qu'il est devenu la souillure de sa ville. Lorsqu'il y a ainsi une peste, lorsque l'ordre des saisons est modifié, lorsque la fécondité est écartée de la voie droite et régulière, c'est qu'il y a une souillure, un miasme, et cette souillure c'est lui. Il est engagé par sa promesse, il a dit que l'assassin serait chassé ignominieusement de Thèbes. Il lui faut partir.

L'homme : trois en un

Dans ce récit, comment ne pas voir que l'énigme proposée par la Sphinge disait le destin des Labdacides ? Tous les animaux, qu'ils aient deux pieds ou quatre pieds, bipèdes ou quadrupèdes, sans parler des poissons qui n'ont pas de pieds, tous ont une « nature » qui reste toujours la même. De la naissance à la mort, pour eux pas de changement dans ce qui définit leur particularité d'être vivant. Chaque espèce a un statut, et un seul, une seule façon d'être, une seule nature. Tandis que l'homme connaît trois stades successifs, trois natures différentes. Il est d'abord un enfant, et la nature de l'enfant est différente de celle de l'homme fait. Aussi faut-il, pour passer de l'enfance à l'état adulte, subir des rituels d'initiation qui font franchir les frontières séparant les deux âges. On devient autre que soi, on entre dans un nouveau personnage dès lors que, d'enfant, on se retrouve adulte. De la même façon, et cela est encore plus vrai pour le roi, pour un guerrier, quand on est à deux pieds, on est quelqu'un, dont le prestige et la force s'imposent, mais, à partir du moment où l'on entre dans la vieillesse, on cesse d'être l'homme de l'exploit guerrier, on devient, au mieux, l'homme de la parole et du sage conseil, au pis, un lamentable déchet.

L'homme se transforme tout en restant le même au cours de ces trois stades. Or que représente Œdipe ? La malédiction portée contre Laïos interdisait toute naissance prolongeant la lignée des Labdacides. Quand il voit le jour, Œdipe endosse le rôle de celui qui n'aurait pas dû être là. Il vient à contretemps. L'héritier de Laïos est à la fois descendant légitime et procréation monstrueuse. Son statut est totalement boiteux. Voué à la mort, il s'en est sorti par miracle. Natif de Thèbes, éloigné de son lieu d'origine, il ignore, quand il y fait retour pour y occuper la plus haute charge, qu'il est revenu à son point de départ. Œdipe a donc un statut déséquilibré. En accomplissant ce parcours qui le ramène sur place dans le palais où il est né, Œdipe a mélangé les trois stades de l'existence humaine. Il a bouleversé le cours régulier des saisons, confondant le printemps du jeune âge avec l'été de l'adulte et l'hiver du vieillard. En même temps qu'il tuait son père, il s'identifiait à lui, en prenant sa place sur le trône et dans le lit de sa mère. Enfantant des enfants à sa propre mère, ensemençant le champ qui l'avait porté au jour, comme disaient les Grecs, il s'identifiait non seulement à son père, mais à ses propres enfants, qui sont tout à la fois ses fils et ses frères, ses filles et ses sœurs. Ce monstre dont parlait la Sphinge, qui est en même temps à deux, trois et quatre pieds, c'est Œdipe.

L'énigme pose le problème de la continuité sociale, du maintien des statuts, des fonctions, des postes au sein des cultures, en dépit du flux des générations qui naissent, règnent et disparaissent, cédant la place à la suivante. Le trône doit rester le même, alors que ceux qui l'occupent vont continuellement être différents. Comment le pouvoir royal peut-il subsister un et intact quand ceux qui l'exercent, les rois, sont nombreux et divers ? Le problème est de savoir comment le fils du roi peut devenir roi comme son père, prendre sa place sans se heurter à lui ni l'écarter, s'installer sur son trône sans non plus s'identifier à son père, comme s'il était le même que lui. Comment le flux des générations, la succession des stades qui marquent l'humanité, et qui sont liés à la temporalité, à l'imperfection humaine, peuvent-ils aller de pair avec un ordre social qui doit demeurer stable, cohérent et harmonieux ? La malédiction prononcée contre Laïos, et peut-être bien au-delà, le fait qu'aux noces de Cadmos et Harmonie certains cadeaux avaient un pouvoir maléfique, n'est-ce pas une façon de reconnaître qu'à l'intérieur même de ce mariage exceptionnel et fondateur s'insinuaient le ferment de la désunion, le virus de la haine, comme si, entre le mariage et la guerre, entre l'union et la lutte, il y avait un lien secret ? Nombreux sont ceux, dont je fais partie, qui ont dit que le mariage est à la fille ce que la guerre est au garçon. Dans une cité où il y a des femmes et des hommes, il y a une nécessaire opposition et une nécessaire intrication de la guerre et du mariage.

L'histoire d'Œdipe ne finit pas là. La lignée des Labdacides devait s'arrêter à Laïos, et la malédiction qui pèse sur Œdipe remonte loin dans le passé, avant même sa naissance. Il n'est pas fautif, mais il paie le lourd tribut que représente cette lignée de boiteux, de gauchis, pour ceux d'entre eux qui ont surgi à la lumière du soleil alors qu'ils n'avaient plus le droit de naître.

Les enfants d'Œdipe

Quand Œdipe est aveugle, souillé, on raconte que ses deux fils vont le traiter de façon si indigne qu'à son tour il va lancer contre sa propre progéniture masculine une imprécation semblable à celle que, jadis, Pélops avait prononcée contre Laïos. Par dérision, dit-on, avant qu'il soit chassé de Thèbes, quand il est encore dans le palais, ses fils présentent à l'aveugle la coupe d'or de Cadmos et la table d'argent qu'ils se réservent tandis qu'on lui offre tous les bas morceaux des bêtes sacrifiées, les nourritures de rebut. On raconte aussi qu'on l'avait enfermé dans une cellule obscure pour le cacher comme une souillure qu'on veut définitivement tenir secrète. Œdipe lance donc une imprécation solennelle disant que jamais ses fils ne s'entendront, que chacun d'eux voudra exercer la souveraineté, qu'ils se la disputeront à la force du bras et des armes, et qu'ils périront l'un par l'autre.

C'est en effet ce qui se produit. Étéocle et Polynice, qui sont les descendants d'une lignée qui ne devait pas avoir de descendance, vont se prendre de haine mutuelle. Les deux fils décident qu'ils vont occuper la souveraineté l'un après l'autre, année après année, en alternant. Étéocle commence comme premier souverain, mais, au terme de l'année, il annonce à son frère qu'il entend garder le trône. Écarté du pouvoir, Polynice s'en va à Argos et revient avec l'expédition des Sept contre Thèbes, des Argiens contre les Thébains. Il essaie de regagner le pouvoir contre son frère en détruisant Thèbes. Dans un ultime combat, ils vont se tuer l'un l'autre, chacun se faisant l'assassin de son frère. Il n'y a plus de Labdacides. L'histoire s'achève là ou fait semblant de se terminer.

Cette expédition de Polynice contre Thèbes n'a été possible que dans la mesure où Adraste, roi d'Argos, était décidé à la mener pour appuyer la cause de Polynice. Pour cela, il fallait qu'un autre devin, Amphiaraos, soit d'accord avec cette expédition. Pourtant ce devin savait que cette expédition serait un désastre, qu'il y trouverait la mort et qu'elle aboutirait à une catastrophe. Il était donc bien décidé à marquer son désaccord. Qu'a fait Polynice ? Il a pris avec lui en quittant Thèbes certains des cadeaux que les dieux avaient remis à Harmonie au moment de ses noces avec Cadmos : un collier et une robe. Il est parti avec ces deux talismans et en a fait don à la femme d'Amphiaraos, Ériphile, à condition qu'elle obtienne de son mari qu'il abandonne son opposition à l'expédition contre Thèbes et qu'il pousse Adraste à faire ce qu'il lui avait jusque-là interdit. Cadeaux corrupteurs, cadeaux maléfiques, et qui sont liés aussi à un engagement, un serment. Pourquoi le devin cède-t-il à son épouse ? C'est qu'il a prêté un serment dont il ne peut plus se délier : il acceptera toujours d'accomplir ce qu'Ériphile lui demandera. Cadeaux maléfiques, serments à caractère irrévocable. Ce qui était déjà présent aux noces de Cadmos et d'Harmonie se retrouve au cours de la lignée et aboutit à ce que, finalement, les deux frères s'entre-tuent.

Un métèque officiel

Quant à Œdipe, il est chassé de Thèbes. Mené par Antigone, il termine sa vie sur la terre d'Athènes, près de Colone, un des dèmes de l'Attique. Il se trouve sur une terre où il ne devrait pas être, un sanctuaire des Érinyes où il est interdit de demeurer. Les gens du coin lui intiment l'ordre de partir : que fait ce mendiant dans ce lieu saint ? Il y est aussi déplacé que Dionysos arrivant à Thèbes dans sa robe féminine, asiatique. Quelle audace de prétendre s'installer en un endroit d'où on ne peut même pas le chasser puisqu'on n'a pas le droit d'y poser le pied. Arrive Thésée, Œdipe lui raconte son malheur, il sent que sa fin est proche, il s'engage, si Thésée l'accueille, à être le protecteur d'Athènes dans les conflits qui peuvent survenir. Thésée accepte. Cet homme, ce Thébain, qui a dans une partie de son hérédité des Semés nés de la terre thébaine, mais qui est aussi le descendant de Cadmos et d'Harmonie, est donc un étranger. Chassé de sa terre à la naissance, il y est revenu pour en être de nouveau ignominieusement expulsé. Le voilà, au terme de son errance, sans lieu, sans attache, sans racine, un migrant. Thésée lui offre l'hospitalité ; il n'en fait pas un citoyen d'Athènes, mais il lui accorde un statut de métèque, *métooîkos* – un métèque privilégié. Il va habiter cette terre qui n'est pas la sienne, s'y fixer. Œdipe opère donc un passage depuis cette Thèbes divine et maudite, de cette Thèbes unie et déchirée, vers Athènes : passage horizontal, à la surface du sol.

Œdipe devient donc métèque officiel d'Athènes. Ce n'est pas le seul passage qu'il réalise : il va également devenir souterrain – il sera englouti dans les profondeurs de la terre – et céleste, vers les dieux olympiens. Il passe de la surface du sol à ce qui est sous la terre et aussi à ce qui est au ciel. Il n'a pas exactement le statut d'un demi-dieu, d'un héros tutélaire – le tombeau du héros est sur l'Agora –, il disparaît dans un endroit secret que seul Thésée connaît et qu'il transmet à tous ceux qui exerceront la souveraineté à Athènes, tombe secrète qui est, pour la cité, le garant de son succès militaire et de sa continuité. Voilà donc un étranger venu de Thèbes, qui s'installe comme métèque à Athènes, et qui disparaît sous terre, peut-être foudroyé par Zeus. Il ne se transforme pas en autochtone, né du sol, comme se prétendent les citoyens d'Athènes, pas davantage en *gégenés*, surgissant tout armé, prêt au combat, de la terre thébaine. Non, il effectue le passage en sens inverse. Venu en étranger, il quitte la lumière du soleil pour s'enraciner dans le monde souterrain en ce lieu d'Athènes qui n'est pas le sien et auquel il apporte, en contrepartie de l'hospitalité qu'on lui accorde au terme de ses souffrances et de ses pérégrinations, l'assurance du salut dans la paix et la concorde : comme un écho affaibli de cette promesse que représentait Harmonie quand les dieux la donnaient en épouse à Cadmos, aux temps lointains où Thèbes fut fondée.

Persée, la mort, l'image

Naissance de Persée

Il y a très longtemps, dans la bonne et belle ville d'Argos, se trouvait un roi puissant du nom d'Acrisios. Ils étaient deux frères, lui et son jumeau Proitos, qui, avant même de naître, se querellaient dans le sein de leur mère Aglaïa, se donnaient des coups et engageaient une contestation qui allait durer toute leur vie. En particulier, ils devaient se disputer le pouvoir dans cette riche vallée de l'Argolide.

Finalement, l'un règne à Argos, l'autre, Proitos, à Tirynthe. Acrisios est donc roi d'Argos. Il se désole de n'avoir pas d'enfant mâle. Il s'en va, conformément à l'usage, consulter à Delphes pour qu'on lui dise s'il aura un héritier et, le cas échéant, ce qu'il doit faire pour en avoir un. Suivant la règle habituelle, l'oracle ne répond pas à sa question, mais lui indique que son petit-fils, le fils de sa fille, le tuera.

Sa fille s'appelle Danaé. C'est une très belle demoiselle qu'Acrisios aime bien, mais il est saisi de terreur à l'idée que son petit-fils est destiné à le tuer. Que peut-il faire ? Il envisage une solution qui est l'enfermement. De fait, le destin de Danaé sera souvent d'être enfermée. Acrisios fait construire, sans doute dans la cour de son palais, une prison souterraine en bronze où il ordonne à Danaé de descendre avec une femme destinée à son service ; puis il les boucle consciencieusement toutes les deux. Or Zeus, en haut du ciel, a aperçu Danaé dans la fleur de sa jeunesse et de sa beauté, il en est tombé amoureux. Nous sommes à une époque où le partage entre les hommes et les dieux a déjà eu lieu. Même s'ils sont séparés, la distance n'est pas encore assez grande pour empêcher que, de temps en temps, du haut du sommet de l'Olympe, dans l'éther brillant, les dieux ne jettent un regard sur les belles mortelles. Ils voient les filles de cette Pandora, qu'ils ont expédiée chez les hommes, et à laquelle Épiméthée a eu l'imprudence d'ouvrir sa porte. Ils les trouvent superbes. Non que les déesses ne soient pas belles, mais peut-être les dieux trouvent-ils chez ces femmes mortelles quelque chose que les déesses ne possèdent pas. Peut-être est-ce la fragilité de la beauté ou le fait qu'elles ne sont pas immortelles et qu'il faut les cueillir quand elles sont encore dans l'acmé de leur jeunesse et de leur charme.

Zeus tombe amoureux de Danaé et il sourit de la voir enfermée par son père dans cette prison souterraine d'airain. Sous la forme d'une pluie d'or, il descend et s'introduit auprès d'elle ; à moins qu'une fois dans cette prison il n'ait revêtu sa personnalité divine sous l'apparence humaine. Zeus s'unit d'amour avec Danaé dans le plus grand secret. Danaé attend un enfant, un garçon du nom de Persée. Cette aventure reste clandestine jusqu'au moment où Persée, vigoureux bambin, pousse de tels piaillements qu'un jour, passant dans la cour, Acrisios entend un drôle de bruit dans la prison où il a enfermé sa fille. Le roi demande à la voir. Il fait remonter tout le monde, interroge la nourrice et apprend qu'il y a là un petit garçon. Il est pris à la fois de terreur et de fureur en se rappelant l'oracle de Delphes. Son idée, c'est que la servante a introduit subrepticement quelqu'un auprès de Danaé. Il interroge sa fille : « Qui est le père de ce rejeton ? – C'est Zeus. » Acrisios n'en croit pas un mot. Il commence par supprimer la servante devenue nourrice, il la sacrifie précisément sur son autel domestique de Zeus. Mais que faire de Danaé et de l'enfant ? Le père ne peut pas souiller ses mains du sang de sa fille et de son petit-fils. Il décide de nouveau de les enfermer.

Il fait venir un menuisier très adroit, très habile, qui construit un coffre de bois, dans lequel on les met tous les deux, Danaé et Persée. Il confie aux dieux le soin de régler cette affaire, il se débarrasse d'eux non plus en les emprisonnant dans le sous-sol de sa maison, mais en ouvrant tout l'espace marin à l'errance de sa fille et de son petit-fils, bouclés dans leur cachette. En effet, le coffre vogue sur la mer jusqu'aux abords d'une petite île, un îlot pas très riche, Sériphos. Un pêcheur, mais un pêcheur de lignée royale, Dictys, ramène le coffre. Il l'ouvre et aperçoit Danaé et son enfant. Lui aussi est séduit par la beauté de Danaé ; il conduit chez lui la jeune femme et son fils ; il les accueille comme s'ils faisaient partie de sa propre famille. Il garde Danaé en sa compagnie, la respectant, et il élève Persée à la façon d'un fils. Dictys a un frère, du nom de Polydectès, qui règne sur Sériphos. Le petit Persée grandit sous la protection de Dictys. La beauté de Danaé fait des ravages ; le roi Polydectès, qui l'a vue, tombe à son tour fou amoureux d'elle. Il désire absolument l'épouser ou, au moins, faire sa conquête. Ce n'est pas facile, car Persée est déjà presque un homme, et veille sur sa mère. Dictys aussi la protège et Polydectès se demande comment il va procéder. Il trouve le moyen suivant : il convoque un grand banquet auquel est conviée toute la jeunesse de la région. Chacun vient en apportant un cadeau ou une contribution au repas.

La course aux Gorgones

C'est le roi Polydectès qui préside à la table. Il a pris pour prétexte à ce banquet sa soi-disant intention d'épouser Hippodamie. Pour pouvoir épouser Hippodamie, il doit présenter à ceux qui ont autorité sur la jeune fille des cadeaux luxueux, des objets de prix. Toute la jeunesse de Sériphos est là, et Persée aussi, bien entendu. Au cours de ce repas, chacun fait assaut de générosité et de noblesse. Le roi demande qu'on lui apporte surtout des chevaux. Hippodamie est une jeune femme férue d'équitation ; si on lui offre toute une écurie de chevaux, son cœur sera touché. Comment Persée va-t-il s'y prendre pour impressionner et ses camarades d'âge et le roi ? Il déclare que lui, ce n'est pas une cavale qu'il amènera, mais tout ce que le roi voudra, par exemple la tête de la Gorgone. Il dit cela sans trop y penser. Le lendemain, chacun apporte au roi les cadeaux promis ; Persée se présente les mains vides et se déclare prêt à apporter lui aussi une cavale, mais le roi lui dit : « Non, toi tu m'amènes la tête de la Gorgone. » Plus moyen de faire autrement : s'il revient sur son engagement, il perdra la face. Il n'est pas question de ne pas tenir ses promesses ou même ses vantardises. Voici donc Persée obligé de ramener la tête de la Gorgone. Il est, ne l'oublions pas, le fils de Zeus ; il a la sympathie et l'appui d'un certain nombre de divinités, en particulier d'Athéna et d'Hermès, dieux intelligents, subtils, débrouillards, qui vont veiller à ce que la promesse soit tenue. Donc, Athéna et Hermès assistent le jeune homme dans l'exploit qu'il doit accomplir. Ils lui exposent la situation : pour arriver à joindre les Gorgones, il faut d'abord savoir où elles se trouvent. Or on ne sait pas où elles nichent.

Ce sont d'épouvantables monstres, trois sœurs qui forment un trio d'êtres monstrueux, mortifères, dont deux sont immortelles et une seule, qui s'appelle Méduse, est mortelle. C'est la tête de Méduse qu'il doit rapporter.

Il s'agit donc de joindre les Gorgones, de reconnaître laquelle est Méduse et de lui couper la tête. Ce n'est pas une mince affaire. D'abord il faut savoir où aller les chercher, et pour cela Persée devra franchir une série d'étapes, d'épreuves, avec l'aide de dieux protecteurs. La première épreuve consiste à découvrir et aborder un trio de sœurs des Gorgones, les Grées, qui sont, comme elles, les filles de monstres particulièrement dangereux, Phorkys et Céto, deux monstres marins vastes comme des baleines. Les Grées ne gîtent pas dans un pays aussi lointain que leurs sœurs. Les Gorgones vivent au-delà de l'Océan, hors des frontières du monde aux portes de la Nuit, alors que les Grées, elles, sont dans le monde. Les Grées, les *Graiai*, forment un trio. Comme les Gorgones, elles sont des jeunes filles, mais des jeunes filles qui sont nées vieilles. Ce sont d'ancestrales jouvencelles, de jeunes vieillardes. Elles sont toutes ridées, elles ont la peau jaune, comme quand on laisse le lait vieillir et se figer à sa surface, et qu'on voit tout d'un coup se former une espèce de peau qu'on appelle *graus*, la peau ridée du lait. Sur le corps de ces jeunes filles divines, au lieu d'une blanche carnation, la monstruosité d'une peau de vieille toute fanée, toute ridée. Elles ont encore une autre caractéristique : elles forment un trio d'autant plus lié, solidaire, qu'elles disposent à elles trois d'un seul œil et d'une seule dent. Comme si c'était un seul et même être.

Un seul œil, une seule dent : on peut se dire que ce n'est pas beaucoup, qu'elles sont vraiment désavantagées. Pas vraiment. Car, comme elles n'ont qu'un œil, elles se le passent à tour de rôle sans interruption, de sorte que cet œil, toujours ouvert, est sans cesse aux aguets. Elles n'ont qu'une dent, mais ces jeunes vieilles ne sont pas si édentées qu'avec cette dent, qui circule également, elles ne puissent dévorer toutes sortes de personnes, à commencer par Persée.

Alors, un peu comme dans le jeu du furet, auquel je jouais étant enfant, il s'agit pour Persée d'avoir l'œil plus vif que ces trois jeunes-vieilles qui n'en ont qu'un mais d'une vigilance presque sans faille. Il lui faut trouver le moment où cet œil n'appartient plus à aucune des trois. Elles se le passent pour que continuellement cet œil reste vigilant. Entre le moment où l'une le passe à l'autre et celui où l'autre le reçoit, il y a un court intervalle de temps, petite brèche dans la continuité temporelle, où il faut que Persée, comme une flèche, puisse s'engouffrer et voler l'œil. Dans le jeu du furet, il y a une ficelle sur laquelle circule une bague, les joueurs posent les deux mains sur la ficelle, et chacun passe cette bague d'une main à l'autre puis de sa main à celle du voisin, en la dissimulant. Celui qui est au milieu du cercle doit deviner où se trouve la bague. S'il devine, il gagne ; s'il tape sur une main qui ne cache rien, il a perdu, il est puni.

Persée ne se trompe pas. Il voit le moment où l'œil est disponible, et il le saisit. Il s'empare également de la dent. Les Grées sont dans un état épouvantable, hurlant de fureur et de douleur. Elles se retrouvent aveugles et sans dent. Immortelles, elles sont réduites à rien. Obligées d'implorer Persée de leur restituer cet œil et cette dent, elles sont prêtes à tout lui offrir en échange. La seule chose qu'il veuille obtenir d'elles, c'est qu'elles lui indiquent le lieu où résident les jeunes filles, les *Numphai*, les Nymphes, et le chemin pour y parvenir.

Le mot *numphè* indique le moment où la fille vient juste d'être nubile ; sortie de l'enfance, elle est prête pour le mariage, bonne à marier sans être encore une femme accomplie. Ces Nymphes sont également trois. Contrairement aux Grées, qui vous repèrent et vous dévorent de leur œil et de leur dent uniques, les *Numphai* sont très disponibles, accueillantes. Dès que Persée leur demande ce dont il a besoin, elles le lui donnent. Elles lui désignent l'endroit où se cachent les Gorgones et lui font cadeau d'objets magiques qui vont lui permettre de réaliser l'impossible, d'affronter l'œil de Méduse et de tuer l'unique mortelle parmi les trois Gorgones. Les Nymphes lui offrent des sandales ailées, les mêmes que celles d'Hermès, qui permettent à ceux qui les portent, non plus d'avancer un pied après l'autre, prosaïquement, sur la terre, mais de voler

221

à toute vitesse comme la pensée, comme l'aigle de Zeus, et de traverser l'espace depuis le sud jusqu'au nord sans la moindre difficulté. D'abord la vélocité.

Ensuite les Nymphes lui donnent le casque d'Hadès, une espèce de coiffe, faite d'une peau de chien, qui recouvre aussi la tête des morts. En effet, grâce à la calotte d'Hadès sur la tête, les morts deviennent sans visage, invisibles. Cette coiffe représente le statut des morts, mais permet aussi à un vivant, s'il en dispose, de se rendre invisible tel un spectre. Il peut voir sans être vu.

Vélocité, invisibilité. Elles lui font encore cadeau d'un troisième présent qui est la *kybissis*, une besace, un sac, dans lequel les chasseurs mettent le gibier une fois tué. Dans cette besace, Persée déposera la tête de Méduse pour que ses yeux soient cachés, comme des paupières qui se refermeront sur les yeux mortifères de la Gorgone. A tout cela Hermès ajoute un cadeau personnel qui est la *harpè*, cette faucille courbe qui tranche quelle que soit la dureté de l'obstacle qu'elle rencontre. C'est avec la *harpè* que Cronos avait mutilé Ouranos.

Voilà donc Persée équipé des pieds à la tête : aux pieds les sandales, sur la tête le casque d'invisibilité, la *kybissis* sur le dos et la faucille dans la main. Et le voici qui vole vers les trois Gorgones.

Qui sont les Gorgones ? Ce sont des êtres dont la nature comporte des traits absolument contradictoires, ce sont des êtres monstrueux. La monstruosité consiste à présenter ensemble des traits qui sont incompatibles les uns avec les autres. Immortelles en partie, pour deux des sœurs, et mortelle pour la troisième. Ce sont des femmes, mais leur tête se hérisse d'effroyables serpents, lançant des regards sauvages ; elles portent sur les épaules d'immenses ailcs d'or qui leur permettent de voler comme des oiseaux, leurs mains sont de bronze. Nous connaissons même un peu mieux la tête, une tête extraordinaire. A la fois féminine et masculine, tête affreuse, encore qu'on parle quelquefois de la belle Méduse ou des belles Gorgones. Sur les images qui les figurent, on voit qu'elles ont de la barbe. Mais ces têtes barbues ne sont pas tout à fait humaines, car elles ont en même temps une denture bestiale, deux longues défenses de sanglier qui pointent hors de leur bouche, ouverte sur un rictus, la langue projetée au-dehors. De cette bouche tordue sort une sorte de hurlement terrible, comme d'un bronze qu'on frapperait et qui vous glace de terreur.

Il y a surtout les yeux. Leurs yeux sont tels que quiconque a un échange de regards avec elles est instantanément changé en pierre. Ce dont est fait le vivant : la mobilité, la flexibilité, la souplesse, la chaleur, la douceur du corps, tout cela devient pierre. Ce n'est pas seulement la mort qu'on affronte, c'est la métamorphose qui vous fait passer du règne humain au règne minéral, et donc à ce qu'il y a de plus contraire à la nature humaine. A cela on ne peut pas échapper. La difficulté va donc consister, pour Persée, d'une part à bien repérer celle des trois Gorgones dont il peut couper la tête, ensuite à ne croiser à aucun moment le regard d'aucune des trois. En particulier, il faut couper la tête de Méduse sans jamais se trouver face à face avec elle, dans son champ de vision. Dans l'affaire de Persée, le regard joue un rôle considérable : dans le cas des Grées, il s'agissait seulement d'avoir le coup d'œil plus rapide que les monstres. Mais quand on regarde une Gorgone, quand on croise le regard de Méduse, qu'on soit rapide ou lent, ce qu'on voit reflété dans les yeux du monstre, c'est soi-même changé en pierre, soi-même devenu une face d'Hadès, une figure de mort, aveugle, sans regard.

Persée ne s'en serait jamais sorti si Athéna ne lui avait pas prodigué ses conseils et donné un sérieux coup de main. Elle lui a dit qu'il fallait arriver par le haut, choisir le moment où les deux Gorgones immortelles prendront du repos, où elles auront fermé l'œil. Quant à Méduse, il faut lui couper la tête sans jamais tomber sous son regard. Pour cela, il faut, au moment de manier la *harpè*, détourner soi-même la tête de l'autre côté. Mais si on regarde ainsi de l'autre côté, comment savoir la façon de lui couper la tête ? Sans regarder, on ne saura pas où elle est, et on risque de trancher un bras ou n'importe quelle autre partie du corps de Méduse. Il faut donc à la fois, comme avec les Grées, savoir exactement où porter le coup, s'assurer un regard précis, exact, infaillible, et en même temps ne pas voir, sur la cible visée, l'œil pétrifiant qui y figure.

On est en plein paradoxe. Le problème est résolu par Athéna qui trouve le moyen de placer, face à la Gorgone, son beau bouclier poli, de telle façon que, sans croiser le regard de Méduse, Persée voit assez clairement son reflet sur le miroir de l'arme pour réussir à ajuster son coup et lui trancher le col comme s'il la voyait elle-même. Il lui coupe la tête, l'attrape et la met dans la *kybissis*, il boucle le tout et le voici qui file.

Les deux autres Gorgones se réveillent au cri de Méduse. Avec les hurlements stridents et affreux qui les caractérisent, elles se jettent à la poursuite de

Persée. Il peut, comme elles, s'envoler, mais de plus il a sur elles l'avantage d'être invisible. Elles tentent de le rattraper, il leur échappe, elles sont furibondes.

La beauté d'Andromède

Persée arrive sur les rives orientales de la Méditerranée, en Éthiopie. Alors qu'il vole dans les airs, il aperçoit une très belle jeune femme, accrochée à un rocher par des rivets, les flots baignant ses pieds. Cette vision l'émeut. Cette jeune personne s'appelle Andromède. Elle a été mise dans cette triste position par son père, Céphée. Le royaume de celui-ci a connu de graves fléaux. On a fait savoir au roi et à son peuple que la seule façon de faire cesser le malheur est de livrer Andromède à un monstre marin, à un de ceux qui sont liés à la mer, à ce flot qui peut submerger le pays, et de l'exposer là pour qu'il vienne la prendre et faire avec elle ce qu'il veut : la dévorer ou s'unir à elle.

La malheureuse gémit, sa plainte monte jusqu'à Persée qui tourne dans les airs ; il l'entend, il la voit. Son cœur est séduit par la beauté d'Andromède. Il va trouver Céphée qui lui explique ce qui s'est passé. Persée promet de délivrer sa fille s'il la lui donne en mariage. Le père accepte, pensant que, de toute façon, le jeune homme ne pourra pas y parvenir. Persée revient sur les lieux où Andromède, au milieu des flots, est attachée, debout sur son petit roc. Le monstre s'avance vers elle, immense, redoutable, et apparemment invincible. Que peut faire Persée ? La gueule ouverte, la queue qui bat les flots, le monstre menace la belle Andromède. Dans les airs, Persée se place entre le soleil et la mer, de telle sorte que son ombre se projette sur les eaux, juste devant les yeux de la bête. L'ombre sur le miroir des eaux comme, sur le bouclier d'Athéna, le reflet de Méduse. Persée n'a pas oublié la leçon que lui a donnée la déesse. A voir cette ombre qui bouge devant lui, le monstre s'imagine que c'est là l'être qui le met en péril. Il se précipite sur le reflet et c'est à ce moment-là que Persée, du haut du ciel, fond sur lui et le tue.

Persée tue le monstre et délivre ensuite Andromède. Il s'installe avec elle sur le bord du rivage et commet peut-être là une erreur. Andromède est dans tous ses états, elle essaie, bouleversée, de reprendre un peu vie et espoir sur la rive, au milieu des rochers. Pour la réconforter, pour être plus libre de ses mouvements, Persée dépose la tête de Méduse sur le sable de telle sorte que les yeux du monstre dépassent un petit peu de la besace. Le regard de Méduse s'étend au ras des eaux ; les algues qui flottaient souples, mobiles, vivantes, sont solidifiées, pétrifiées, transformées en coraux sanglants. Voilà pourquoi il y a dans la mer des algues minéralisées : le regard de Méduse les a changées en pierre au milieu des vagues.

Persée emmène ensuite Andromède avec lui. Il reprend sa besace bien bouclée et il arrive à Sériphos où sa mère l'attend. Dictys l'attend aussi. Tous deux se sont réfugiés dans un sanctuaire pour échapper à Polydectès. Persée décide alors de se venger du mauvais roi. Il lui fait savoir qu'il est revenu, qu'il apporte le cadeau promis ; il le lui remettra au cours d'un grand banquet. Toute la jeunesse, tous les hommes de Sériphos sont réunis dans la grande salle.

Ils sont en train de boire, de manger, c'est la fête. Persée arrive. Il ouvre la porte, on le salue, il entre, Polydectès se demande ce qui va se passer.

Alors que tous les convives sont assis ou étendus, Persée reste debout. Il prend dans sa besace la tête de Méduse, il la sort, la brandit à bout de bras, détournant son regard de l'autre côté, vers la porte. Tous les banqueteurs sont figés sur place dans la position même qu'ils occupaient. Certains sont en train de boire, d'autres de parler, ils ont la bouche ouverte, les yeux qui regardent l'arrivée de Persée, Polydectès a une posture stupéfaite. Tous les participants au repas sont ainsi transformés en tableau, en sculpture. Ils deviennent des images muettes et aveugles, le reflet de ce qu'ils étaient vivants. Persée remet alors la tête à l'œil pétrifiant dans sa besace. A ce moment-là, on peut dire qu'il en a d'une certaine façon terminé avec l'histoire de Méduse.

Reste le grand-père, Acrisios. Persée sait qu'Acrisios a agi envers lui comme il l'a fait parce qu'il pensait que son petit-fils le ferait mourir. L'idée lui vient d'un accord possible avec son aïeul. Il part donc avec Andromède, Danaé et Dictys vers Argos où Acrisios, averti que le petit Persée est devenu grand, qu'il a accompli des exploits et qu'il est en train de faire route vers Argos, mourant de frousse, se rend dans une ville voisine où on célèbre des jeux.

Quand Persée arrive à Argos, on lui annonce qu'Acrisios est parti ailleurs pour participer à des jeux. En particulier, il y a un concours de lancement du disque. On y convie le jeune Persée, qui est beau, bien bâti et dans la fleur de l'âge. Alors il prend son disque et le jette. Par hasard ce disque tombe sur le pied d'Acrisios, provoquant une plaie mortelle. Le roi mort, Persée hésite à monter sur le trône d'Argos qui lui revient. Succéder au roi dont il a causé la mort ne lui semble pas indiqué. Il trouve une sorte de réconciliation familiale par un échange. Puisque le frère du roi défunt, Proitos, règne sur Tirynthe, il lui propose de monter sur le trône à Argos. Lui, Persée, prend sa place à Tirynthe.

Auparavant il rend les instruments de sa victoire sur Méduse à ceux qui les lui avaient confiés. A Hermès il remet, en même temps que la *harpè*, les sandales ailées, la besace, le casque d'Hadès pour qu'ils fassent retour, au-delà du monde humain, à leurs détentrices légitimes, les Nymphes. Quant à la tête tranchée du monstre, il l'offre en cadeau à Athéna, qui en fait la pièce centrale de son équipement guerrier. Arboré sur le champ de bataille le *Gorgoneion* de la déesse fige l'ennemi sur place, glacé de terreur, et l'expédie, transformé en fantôme, en double spectral, en *eidôlon*, au pays des ombres, dans l'Hadès.

Redevenu un simple mortel, le héros, dont l'exploit avait fait si longtemps un « maître de la mort », quittera la vie à son tour, le jour venu, comme tout un chacun. Mais pour honorer le jeune homme qui osa braver la Gorgone au regard pétrifiant, Zeus transporte Persée au ciel où il le fixe sous forme d'étoiles dans la constellation qui porte son nom et qui, sur la sombre voûte nocturne, dessine sa figure en points lumineux visibles par tous, à jamais.

Glossaire

Achille   Fils de Thétis et de Pélée. Le plus grand héros de la guerre de Troie. Préfère la gloire impérissable d'une mort en pleine jeunesse à une longue vie paisible mais obscure.

Acrisios   Père de Danaé, roi d'Argos. Sera tué par son petit-fils, Persée, au retour du héros vainqueur de Méduse.

Adraste   Roi d'Argos, beau-père de Polynice, un des fils d'Œdipe, chassé de Thèbes par son frère. Dirige l'expédition dite des Sept contre Thèbes.

Agamemnon   Roi d'Argos. Placé à la tête des Grecs durant la guerre de Troie, tué à son retour par sa femme Clytemnestre.

Agavé   Fille de Cadmos, mère de Penthée.

Agénor   Roi de Tyr ou de Sidon. Père d'Europe.

Aglaïa   Une des Charites.

Aithêr   Ou Éther. Fils de Nuit. Personnifie la lumière céleste pure et constante.

Alcinoos Roi des Phéaciens, époux d'Arétè, père de Nausicaa. Offre à Ulysse l'hospitalité et le fait reconduire à Ithaque par un de ses navires.

Alexandre Autre nom de Pâris, fils de Priam et séducteur d'Hélène.

Amphiaraos Devin d'Argos. Époux d'Ériphile. Intervient dans le déclenchement de l'expédition des Sept contre Thèbes, où il trouvera la mort.

Amphion Fils de Zeus et d'Antiope. Frère de Zéthos. Tue Lycos, installé sur le trône de Thèbes, et prend sa place avec son frère.

Amphitrite Néréide, épouse de Poséidon.

Anchise Troyen. S'unit à Aphrodite sur le mont Ida. Père d'Énée.

Andromède Fille de Céphée, roi des Éthiopiens, qui pour calmer la colère de Poséidon la livre à un monstre marin, enchaînée à un rocher. Sauvée par Persée.

Antigone Fille d'Œdipe. Accompagne son père exilé et aveugle.

Antinoos Un des prétendants de Pénélope.

Aphrodite Déesse de l'amour, de la séduction et de la beauté, née de l'écume de la mer et du sperme d'Ouranos émasculé. Reçoit de Pâris le prix qui la consacre comme la plus belle des déesses.

Arès   Dieu de la guerre, de la mêlée meurtrière.

Argès   Un des trois Cyclopes, fils d'Ouranos et de Gaïa.

Argos   Nom donné au chien d'Ulysse, peut-être en souvenir du héros Argos. Rien n'échappait à son regard, il avait l'œil à tout.

Artémis   Fille de Zeus et de Léto, sœur d'Apollon. Divinité chasseresse qui combat avec les Olympiens contre les Titans.

Athamas   Roi béotien. Épouse en secondes noces Ino, fille de Cadmos.

Athéna   Fille de Zeus et de Mètis. Sortie tout armée, à sa naissance, du crâne de Zeus. Déesse de la guerre et de l'intelligence. En compétition avec Héra et Aphrodite lors du jugement de Pâris.

Atlas   Fils de Japet, frère de Prométhéc. Zeus l'a condamné à soutenir sur son dos la voûte du ciel.

Autolycos   Fils d'Hermès. Menteur, voleur, grand-père d'Ulysse.

Autonoé   Une des filles de Cadmos. Épouse d'Aristée, mère d'Actéon, qui sera déchiqueté par ses chiens.

Balios   Un des chevaux d'Achille, immortel et loquace.

Bellérophon   Héros corinthien vainqueur de la Chimère avec l'aide du cheval Pégase.

Biè   Fille de Styx. Personnifie la force violente dont dispose le souverain.

Borée   Vent du nord.

Briarée Un des trois Cent-bras, frères des Cyclopes et des Titans, enfants d'Ouranos et de Gaïa.

Brontès Un des trois Cyclopes, fils d'Ouranos et de Gaïa.

Cadmos Fils d'Agénor, roi de Sidon. Part, accompagné de sa mère Téléphassa, à la recherche de sa sœur Europe. Époux d'Harmonie. Fondateur et premier roi de Thèbes.

Calydon Région d'Étolie au nord du golfe de Corinthe.

Castor Un des Dioscures, fils de Zeus et de Léda. Contrairement à son frère Pollux, il est mortel, cavalier, expert dans l'art de la guerre et la cavalerie.

Centaures Monstres à la tête et au buste humains, dont le reste du corps est chevalin. Mènent dans les bois et les monts une vie sauvage, mais peuvent prendre en charge l'éducation des jeunes.

Céphée Roi des Éthiopiens. Père d'Andromède.

Cerbère Chien de l'Hadès. Veille aux portes du royaume des morts pour que nul vivant n'y pénètre, et que nul défunt ne s'en échappe.

Céto Monstre marin, fille de Pontos et Gaïa, mère des Grécs et des Gorgones.

Chaos Ou Béance. Élément primordial d'où le monde est issu.

Charybde Monstre marin qui, de son rocher, avalait tous les navires passant à proximité.

Chimère Mixte de chèvre, de lion et de serpent. Souffle des flammes. Issue de Typhon et d'Échidna.

Chiron Centaure, très sage et bienfaisant, vivant sur le Pélion. Éducateur de héros, en particulier d'Achille.

Chrysippe Fils de Pélops, roi de Corinthe. Courtisé par Laïos, hôte de son père, et enlevé de force, il se suicide.

Chthonios Un des cinq Spartes, survivants de la bataille que se livrent les Semés à peine sortis du sol de Thèbes, dont ils sont nés.

Cicones Peuple de Thrace, allié des Troyens. Ulysse, au retour de la guerre, fait escale chez eux, pille leur ville Ismarée, mais attaqués de toutes parts, les Grecs doivent reprendre la mer et fuir.

Cilix Fils d'Agénor, roi de Sidon. Frère de Cadmos, il part lui aussi à la recherche de sa sœur Europe.

Cimmériens Peuple vivant à proximité des portes de l'Hadès, dans une région où ne luit pas le soleil.

Circé   Magicienne, fille du Soleil, habite l'île d'Aea. Change en porcs les compagnons d'Ulysse. Vaincue par le héros, elle s'unit à lui ; ils vivent ensemble de longs jours.

Clytemnestre   Fille de Zeus et de Léda, sœur d'Hélène, épouse d'Agamemnon, qu'elle trompe avec Égisthe et qu'elle assassine à son retour de Troie.

Cottos   Un des trois Cent-bras.

Créon   Frère de Jocaste. Assure la royauté à Thèbes, après la mort de Laïos, avant l'arrivée d'Œdipe.

Cronos   Cadet des Titans, premier souverain du monde.

Cyclopes   Trio d'enfants d'Ouranos et de Gaïa, avec un seul œil fulgurant au milieu du front : Brontès, Stéropès, Argès.

Danaé   Fille d'Acrisios, mère de Persée après que Zeus s'est uni à elle dans le secret de la chambre souterraine où son père l'a recluse.

Déiphobe   Fils de Priam et d'Hécube. Frère d'Hector. Joue un rôle dans les négociations entre Grecs et Troyens. Tué par Ménélas lors de la prise de la ville.

Dictys   Frère du roi de Sériphos, Polydectès. Recueille et protège Danaé et Persée chassés par Acrisios, leur père et grand-père.

Dionysos Fils de Zeus et de Sémélè. Retourne à Thèbes, lieu de sa naissance, pour y faire reconnaître son culte.

Dioscures Castor et Pollux, les deux jumeaux fils de Zeus et de Léda, épouse de Tyndare. Ils sont les frères d'Hélène et de Clytemnestre.

Échidna Monstre vipérin mi-femme, mi-serpent. Unie à Typhon, elle engendre toute une série de monstres.

Échion Un des cinq Spartes, époux d'Agavé, père de Penthée.

Égipan Aide Hermès à reprendre les nerfs de Zeus à Typhon.

Égisthe Fils de Thyeste, ennemi des Atrides. Réussit à séduire Clytemnestre et à tuer, avec son concours, Agamemnon, à son retour de Troie.

Énée Fils d'Anchise et d'Aphrodite. Combat avec les Troyens. A la chute de la ville, parvient à s'échapper en portant son vieux père, avant de gagner l'Italie méridionale.

Éole Maître des vents. Accorde l'hospitalité à Ulysse et lui donne une outre, pleine de tous les vents, pour lui permettre de faire route droit vers Ithaque.

Éôs L'Aurore. Cette déesse amoureuse de Tithon obtint de Zeus qu'il accorde à son amant de ne jamais mourir.

Épiméthée   Frère de Prométhée, il en est la contre-partie. Au lieu de connaître à l'avance, il ne comprend que trop tard, après coup. Accueille Pandora chez lui, en épouse.

Érébos   Érèbe, fils de Chaos. Personnifie les ténèbres.

Érinyes   Déesses vengeresses issues des gouttes du sang d'Ouranos tombées sur la terre.

Ériphile   Épouse d'Amphiaraos. Polynice, en lui offrant le collier d'Harmonie, obtient d'elle qu'elle se prononce en faveur de la guerre contre Thèbes où règne Étéocle.

Éros   Amour. 1. Le vieil Éros : divinité primordiale à l'origine du monde. 2. Éros, fils d'Aphrodite : préside au rapprochement sexuel, à l'union sexuelle.

Étéocle   Fils d'Œdipe. Rival de son frère Polynice avec qui il refuse de partager la royauté de Thèbes après le départ de leur père.

Eumée   Porcher d'Ulysse qui reste fidèle à celui-ci.

Europe   Fille d'Agénor, roi de Tyr ou de Sidon. Enlevée par Zeus métamorphosé en taureau et transportée en Crète.

Euryclée   Nourrice d'Ulysse, qu'elle est une des premières à reconnaître, en lui lavant les pieds, à la cicatrice qu'il porte à la jambe.

Euryloque Compagnon et beau-frère d'Ulysse. Ses initiatives et ses conseils ne sont pas des meilleurs.

Gaïa Nom donné à la terre en tant que divinité.

Géants Issus des gouttes du sang d'Ouranos tombées sur la terre. Personnages personnifiant la guerre et les combats.

Gorgones Trois monstres qui ont la mort dans les yeux. Une seule est mortelle : Méduse, dont Persée coupe la tête.

Grées Trois vieilles demoiselles qui se partagent une dent et un œil uniques. Persée s'empare de cette dent et de cet œil.

Gyès Un des trois Cent-bras.

Hadès Fils de Cronos et de Rhéa, comme tous les Olympiens. Dieu de la mort, régnant sur le monde souterrain des ténèbres.

Harmonie Fille d'Arès et d'Aphrodite. Épouse de Cadmos.

Harpies Monstres à corps d'oiseau et à tête de femme. S'attaquent aux humains qu'elles enlèvent et font disparaître sans laisser de traces.

Hécate Fille de Titans, cette déesse Lune est spécialement honorée par Zeus.

Hécube Épouse de Priam, roi de Troie. Mère d'Hector.

Hekatonchires Ou Cent-bras. Trio d'enfants de Gaïa et

d'Ouranos : Cottos, Briarée, Gyès. Géants aux cinquante têtes et aux cent bras, à la force invincible.

Hélios   Le dieu Soleil.

Hêmerê   Fille de Nuit. Personnifie la lumière du jour.

Héphaïstos   Fils de Zeus et d'Héra. Patron de la métallurgie.

Héra   Épouse de Zeus.

Héraclès   Le héros aux douze travaux. Ses parents humains sont Amphitryon et Alcmène, de la descendance de Persée. Son vrai père est en réalité Zeus.

Hermès   Fils de Zeus et de la Nymphe Maïa, ce jeune dieu messager est lié au mouvement, aux contacts, transactions, passages, commerce. Il relie la terre et le ciel, les vivants et les morts.

Hésiode   Poète béotien, auteur de la *Théogonie* et *Les Travaux et les Jours*.

Hestia   Déesse du foyer. Elle est la dernière des enfants que Cronos avale et la première à réapparaître lorsqu'il est contraint de les régurgiter.

Himéros   Personnification du désir amoureux.

Hippodamie   Fille d'Oenomaos, roi d'Élide. Son père, pour accorder sa main, exigeait des prétendants qu'ils l'emportent sur lui dans une course de char, dont elle était le prix.

Homère   Auteur de l'*Iliade* et de l'*Odyssée*.

Horai   Ou Heures. Trois filles de Zeus et de Thémis, sœurs des Moires. Divinités des saisons, dont elles dirigent le cours régulier.

Hyperenor   Un des cinq Spartes.

Hypnos   Personnification du sommeil. Fils de Nuit et d'Érébos, frère de Thanatos, Mort.

Idas   Frère de Lyncée, cousin des Dioscures contre lesquels Idas et Lyncée combattent. Au cours de l'affrontement, Idas tue Castor et blesse Pollux. Zeus, pour secourir son fils, le foudroie.

Idoménée   Chef du contingent crétois dans la guerre de Troie. Figure parmi les prétendants à la main d'Hélène.

Ino   Fille de Cadmos et d'Harmonie, sœur de Dionysos. Épouse Athamas et le persuade de recueillir le petit Dionysos. Héra, jalouse, les rend fous. Ino se jette à l'eau et devient la Néréide Leucothée.

Iros   Mendiant attitré à la table du palais royal d'Ithaque. Châtié par Ulysse quand il prétend lui interdire l'accès au palais.

Ismaros   Ville de Thrace, au pays des Cicones. Ulysse s'en empare sur le chemin du retour avant d'en être chassé par les paysans des alentours.

Ismène   Fille d'Œdipe, sœur d'Antigone.

Japet   Un des Titans. Père de Prométhée.

Jocaste   Épouse de Laïos et mère d'Œdipe, avec qui elle s'unira sans savoir qu'il est son fils.

Kères   Filles de la Nuit, puissances de mort, de désastre.

Kratos   Fils de Styx. Personnifie le pouvoir de domination qu'exerce le souverain.

Labdacides   Descendance de Labdacos, contre laquelle Pélops prononce une malédiction.

Labdacos   Petit-fils de Cadmos et, par sa mère, du Sparte Chthonios. Père de Laïos, grand-père d'Œdipe.

Laërte   Père d'Ulysse.

Laïos   Fils de Labdacos, père d'Œdipe. Règne à Thèbes où il est l'époux de Jocaste. Tué par son fils lors d'une rencontre au cours de laquelle ils s'opposent sans se reconnaître.

Léda   Fille de Thestios, roi d'Étolie. Épouse Tyndare. Zeus s'unit à elle sous la forme d'un cygne.

Lestrygons   Géants anthropophages.

Leucothée   Nom donné à Ino après sa transformation en divinité bienveillante et salvatrice de la mer.

Limos   Personnification de la faim.

Lotophages   Peuple des mangeurs de *lotos*, nourriture d'oubli.

Lycurgue   Roi de Thrace. Poursuit le jeune Dionysos, contraint de se jeter à la mer pour lui échapper.

Lykos   Frère de Nyktée, fils du Sparte Chthonios.

Lyncée   Frère d'Idas. Célèbre par sa vue perçante. Tué par Pollux au cours de la bataille que son frère et lui livrent à leurs cousins, les Dioscures.

Maron   Prêtre d'Apollon, à Ismaros. Épargné par Ulysse lors de la destruction de cette ville. Offre au héros un vin merveilleux.

Médée   Fille du roi de Colchide, Aeètés. Petite-fille du Soleil, nièce de Circé. Magicienne.

Méduse   Celle des trois Gorgones qui est mortelle et dont Persée coupe la tête.

Mékoné   Plaine proche de Corinthe, merveilleusement fertile.

Meliai   Ou Méliades. Issues des gouttes du sang d'Ouranos tombées sur la terre. Nymphes des frênes, incarnant un esprit belliqueux.

Ménélas   Frère d'Agamemnon. Époux d'Hélène.

Mètis   Première épouse de Zeus, mère d'Athéna. Personnifie l'intelligence rusée.

Minos   Roi de Crète. Juge aux Enfers.

Moirai   Ou Moires. Au nombre de trois. Représentent les destinées, les lots impartis à chacun.

Muses   Divines chanteuses. Elles sont les neuf filles de Zeus et de *Mnémosunè*, Mémoire.

Nausicaa   Fille du roi et de la reine de Phéacie. Rencontre Ulysse, le conseille et le guide pour qu'il soit reçu en hôte par ses parents. Elle pense qu'il ferait un très bon mari.

Némésis   Divinité vengeresse. Fille de Nuit, Zeus s'unit à elle, contre son gré, elle sous forme d'oie, lui de cygne. Elle pond un œuf que Léda recevra en cadeau.

Nérée   Fils de Gaïa et de Pontos. On l'appelle « le vieux de la mer ». Avec Doris, une des filles d'Okéanos, il engendre les cinquante Néréides.

Néréides   Les cinquante filles de Nérée, le dieu de la mer, et de Doris, fille d'Océan. Vivent dans le palais de leur père au fond de l'eau, mais apparaissent aussi parfois jouant dans les vagues.

Nestor   Le plus vieux des combattants grecs dans la guerre de Troie. Fait preuve d'une sagesse bavarde et évoque volontiers, avec nostalgie, ses exploits d'antan.

Niktée   Fils de Chthonios, un des Spartes. Frère de Lykos.

Niktéis Fille de Chthonios, un des Spartes. Épouse de Polydoros, mère de Labdacos.

Notos Vent du sud, chaud et humide.

Nux La Nuit, fille de Chaos.

Numphai Ou Nymphes. Filles de Zeus, déesses jouvencelles qui animent les sources, rivières, bois, campagnes.

Œdipe Fils de Laïos et de Jocaste. Exposé à sa naissance en raison d'un oracle affirmant qu'il tuerait son père et coucherait avec sa mère. Ce qu'il fera sans le vouloir ni le savoir.

Okéanos Océan. Un des Titans. Fleuve circulaire enserrant le monde de son cours.

Olympe Montagne dont le sommet sert de résidence aux dieux olympiens.

Othrys Montagne où se sont retirés les Titans pour affronter les Olympiens.

Oudaios Un des cinq Spartes.

Ouranos Le Ciel divinisé enfanté par Gaïa.

Pan Dieu des bergers et des troupeaux, fils d'Hermès.

Pandora La première femme, offerte par les Olympiens à Épiméthée, qui accepte le cadeau malgré l'avertissement de son frère Prométhée.

Pâris Plus jeune fils de Priam et Hécube, nommé aussi Alexandre. Exposé à sa naissance, puis reconnu par ses parents. Enlève Hélène et en fait son épouse.

Pégase Cheval divin qui surgit du col tranché de Méduse et s'élance jusque vers l'Olympe. Transporte la foudre de Zeus.

Pélée Roi de Phthie, s'unit à Thétis, père d'Achille.

Pélion Montagne de Thessalie où furent célébrées les noces de Pélée et de Thétis et où Chiron entreprit l'éducation héroïque d'Achille.

Pélops Fils de Tantale, époux d'Hippodamie. Père de Chrysippe, qui se suicide pour échapper aux entreprises de Laïos. Pélops lance une malédiction contre les Labdacides.

Peloros Un des Spartes.

Pénélope Épouse d'Ulysse, mère de Télémaque. Malgré l'insistance arrogante des prétendants, elle attend avec fidélité le retour de son époux.

Penthée Petit-fils de Cadmos par sa mère Agavé, et fils d'Échion, un des Spartes. S'oppose à Dionysos lors du retour du dieu à Thèbes.

Périboéa Épouse de Polybe, roi de Corinthe. Avec son mari, elle recueille, comme si c'était son enfant, Œdipe exposé par ses parents.

Persée Fils de Zeus et de Danaé. Exposé avec sa mère par son grand-père Acrisios, jeté sur le rivage de Sériphos, il devra ramener au roi de cette île la tête de Méduse.

Phéaciens   Peuple de navigateurs, ils font passer Ulysse, en fin de parcours, du monde de l'ailleurs au monde humain en le déposant endormi sur une des plages d'Ithaque.

Philaetios   Berger chargé de veiller sur les troupeaux de bovins d'Ulysse, resté fidèle à son maître.

Phoenix   Un des fils d'Agénor, parti avec ses frères à la recherche d'Europe, ravie par Zeus.

Phorkys   Fils de Gaïa et Pontos. Engendre par son union avec Céto les trois Grées.

Pollux   Un des Dioscures, frère de Castor. Spécialiste de la boxe. Né immortel, il décide de partager avec son frère son immortalité.

Polybe   Roi de Corinthe, pseudo-père d'Œdipe.

Polydectès   Roi de Sériphos. Amoureux de Danaé. Envoie Persée lui ramener la tête de Méduse.

Polydoros   Fils de Cadmos et d'Harmonie. Époux de Nictéïs, fille de Chthonios, un des Semés, et père de Labdacos.

Polynice   Fils d'Œdipe, frère d'Étéocle. La rivalité entre les deux frères conduit à l'affrontement et à la mort de chacun d'eux.

Polyphème   Cyclope, fils de Poséidon. Dupé et aveuglé par Ulysse, il se venge en lançant contre le héros une malédiction efficace.

Pontos   Le Flot divinisé enfanté par Gaïa.

Poséidon   Dieu olympien, frère de Zeus. A reçu en partage de régner sur les flots marins.

Priam   Roi de Troie, époux d'Hécube, père d'Hector.

Proitos   Frère jumeau et rival d'Acrisios. Règne à Tirynthe.

Prométhée   Fils de Japet. Bienfaiteur des hommes, en conflit avec Zeus.

Protée   Dieu marin, doté du pouvoir de se métamorphoser et du don de prophétie.

Rhadamante   Fils de Zeus et d'Europe. Frère de Minos, souverain de Crète. En raison de sa sagesse, il fut chargé, dans l'Hadès, de juger les morts.

Rhéa   Titane, fille d'Ouranos et de Gaïa, sœur et épouse de Cronos.

Satyres   Mi-hommes, mi-bêtes : le haut d'un homme, le bas soit d'un cheval, soit d'un bouc. Ithyphalliques. Font partie du cortège de Dionysos.

Scylla   Monstre dévorateur guettant et dévorant l'équipage des navires passant à sa portée.

Sémélè   Fille de Cadmos et d'Harmonie. Aimée

par Zeus. Consumée par l'éclat de son divin amant quand elle porte en elle Dionysos.

Sphinge   Monstre féminin, tête et poitrine de femme, le reste d'un lion, avec des ailes. Met à mort ceux qui ne peuvent résoudre l'énigme dont Œdipe trouve la solution.

Stéropès   Un des trois Cyclopes, fils d'Ouranos et de Gaïa.

Styx   Fille aînée d'Okéanos, personnifie un fleuve infernal au pouvoir mortifère.

Tartare   Monde souterrain, ténébreux, où sont enfermés les dieux vaincus et les morts.

Télémaque   Fils d'Ulysse et de Pénélope.

Téléphassa   Épouse d'Agénor, mère de Cadmos et de ses frères, ainsi que d'Europe qu'elle part rechercher avec ses enfants.

Talos   Gardien de la Crète, au corps métallique.

Thasos   Fils d'Agénor, frère de Cadmos.

Thésée   Héros de l'Attique. Sa mère est Aethra ; son père humain, Égée, son père divin, Poséidon. Roi d'Athènes.

Thestios   Père de Léda.

Thétis   Une des Néréides, épouse de Pélée, mère d'Achille.

Tirésias   Devin inspiré par Apollon. Confronté à Œdipe, qu'il est le seul à reconnaître, après le retour du héros dans sa ville natale.

Titan Enfant d'Ouranos et de Gaïa. Dieu de la première génération en lutte contre les Olympiens pour la souveraineté du monde.

Tithon Frère de Priam. Éôs l'aime pour sa beauté. Elle l'enlève et obtient pour lui l'immortalité.

Tyndare Père des Dioscures, d'Hélène et de Clytemnestre.

Typhon Ou Typhée. Monstre, fils de Gaïa et de Tartare, en conflit contre Zeus, qui réussit à le vaincre.

Ulysse Roi d'Ithaque.

Xanthos Cheval d'Achille, immortel et, au besoin, loquace.

Zéphyr Vent doux et régulier.

Zéthos Fils de Zeus et d'Antiope. Avec son frère Amphion, tue Lykos pour venger sa mère, victime des mauvais traitements de Lykos et de sa femme ; après quoi, il s'installe sur le trône de Thèbes.

Zeus Olympien, souverain des dieux, vainqueur des Titans et des monstres qui menacent l'ordre cosmique qu'il a, en tant que souverain de l'univers, institué.

Table

Du même auteur

Les Origines de la pensée grecque
PUF, « Mythes et religions », 1962
« Quadrige », 1990, 7ᵉ édition
PUF, 2002

Mythe et Pensée chez les Grecs
Études de psychologie historique
Maspero, « Textes à l'appui », 1965
et nouvelle édition augmentée
La Découverte, 1985, 2005

Mythe et Tragédie en Grèce ancienne
(avec Pierre Vidal-Naquet)
Maspero, « Textes à l'appui », 1972 ; 7ᵉ édition, 1989
Rééd. La Découverte, 2001

Mythe et Société en Grèce ancienne
Maspero, « Textes à l'appui », 1974
« Fondations », 1988, 5ᵉ édition
Rééd. La Découverte, 2004

Les Ruses de l'intelligence
La métis des Grecs
(avec Marcel Detienne)
Flammarion, « Nouvelle Bibliothèque scientifique », 1974
« Champs », 1978, 2ᵉ édition

Religion grecque, religions antiques
Maspero, « Textes à l'appui », 1976

Religions, histoires, raisons
Maspero, « Petite collection Maspero », 1979
10-18, 2006

La Cuisine du sacrifice en pays grec
(avec Marcel Detienne)
Gallimard, « Bibliothèque des histoires », 1979 ;
2ᵉ édition, 1983

La Mort dans les yeux
Figures de l'autre en Grèce ancienne
Hachette, « Textes du XXᵉ siècle », 1985 ; 2ᵉ édition, 1986
Hachette, « Pluriel », n° 894, 2002

Mythe et Tragédie en Grèce ancienne II
(avec Pierre Vidal-Naquet)
La Découverte, « Textes à l'appui », 1986 et 2004

L'Individu, la mort, l'amour
Soi-même et l'autre en Grèce ancienne
Gallimard, « Bibliothèque des histoires », 1989
et « Folio Histoire » n° 73, 1996

Figures, Idoles, Masques
Julliard, 1990

Mythe et Religion en Grèce ancienne
Seuil, « La librairie du XXᵉ et du XXIᵉ siècles », 1990

La Grèce ancienne
(avec Pierre Vidal-Naquet)
1. Du mythe à la raison
Seuil, « Points Essais » n° 215, 1990
2. L'espace et le temps
Seuil, « Points Essais » n° 234, 1991
3. Rites de passage et transgressions
Seuil, « Points Essais » n° 256, 1993

Travail et esclavage en Grèce ancienne
(avec Pierre Vidal-Naquet)
Complexe, « Historiques » n° 44, 1994

Entre mythe et politique
Seuil, « La librairie du XXᵉ et du XXIᵉ siècles », 1996
et « Points Essais » n° 430, 2000

Dans l'œil du miroir
(avec Françoise Frontisii-Ducroux)
Odile Jacob, 1997

L'Orient ancien et nous
(avec Jean Bottéro et Clarisse Herrenschmidt)
Hachette, « Pluriel » n° 855, 1998

La Volonté de comprendre
entretiens
Éditions de l'Aube, 1999

Démocratie, citoyenneté et héritage gréco-romain
(avec Jean-Paul Brisson et Pierre Vidal-Naquet)
Éd. Libris, 2000, 2004

La Mort héroïque chez les Grecs
Pleins Feux, 2001

Œdipe et ses mythes
(avec Pierre Vidal-Naquet)
Complexe, « Historiques » n° 43, 2001, 2006

Corps des dieux
(avec Charles Malamoud)
Gallimard, « Folio histoire », 2003

Ulysse : petite conférence sur la Grèce
suivi de Persée
Bayard, 2004

La Traversée des frontières
Entre mythe et politique, vol. 2
Seuil, « La librairie du XXᵉ et du XXIᵉ siècles », 2004

Pandora, la première femme
Bayard, 2005

Œuvres complètes
Religions, rationalités, politique
Seuil, « Opus », 2007

OUVRAGES COLLECTIFS
SOUS LA DIRECTION DE JEAN-PIERRE VERNANT

Problèmes de la guerre en Grèce ancienne
École des hautes études en sciences sociales, 1985
Seuil, « Points Histoire » n° 265, 1999

L'Homme grec
Seuil, 1993
et « Points Histoire » n° 267, 2000

Les Mythes grecs au figuré
(dir. en coll. avec Stella Georgoudi)
Gallimard, « Le Temps des images », 1996

RÉALISATION : PAO ÉDITIONS DU SEUIL
IMPRESSION : NORMANDIE ROTO IMPRESSION S.A.S. À LONRAI
DÉPÔT LÉGAL : OCTOBRE 2006. N° 92091-4 (09-0796)
IMPRIMÉ EN FRANCE